土屋康夫
Yasuo Tsuchiya

海を渡った鯨組《KUJIRAGUMI》の子孫たち

ゆいぽおと

海を渡った鯨組の子孫たち　もくじ

第五章　それぞれの出発……169

装丁　三矢千穂

海を渡った鯨組の子孫たち

▲:日系人強制収容所
シアトル
ポートランド
ハートマウンテン
ミニドカ
トゥールレーク
サンフランシスコ
トパーズ
デンバー
アマチ(グラナダ)
マンザナー
ロサンゼルス
ポストン
ヒラリバー
ダラス
ヒューストン
ローワー
ジェローム
シカゴ
ボストン
フィラデルフィア
ニューヨーク
ワシントン
マイアミ
ロング・ビーチ
ターミナル島
ロサンゼルス港
サン・ペドロ

序章　わがふるさとはターミナル島

紀伊半島南端の熊野灘に出っ張った小さな岬町、和歌山県太地町《たいじ》。イルカの追い込み漁で近年メディアによく登場するが、かつて太平洋の向こうに活路を求めた移民の町であることを知る人は意外と少ない。

二〇一五年十一月十五日。在米太地人会の創立百周年記念式典がカリフォルニア州レークウッド市のシカモアホールで開かれ、日系三世、四世を中心に百五十人と、太地町の宇佐川彰男教育長、会員の親戚、関係者八十人が久々に対面し、先人の歩みに思いを寄せた。

式典は「くじら太鼓」の演奏で幕を開けた。江戸初期から明治初期まで約三百年続いた太地浦の古式捕鯨を題材にした三部構成の創作太鼓である。熊野灘を泳ぐクジラを網に追い込み、銛《もり》で仕留め、村人が待つ浜へ凱旋《がいせん》するストーリー。

太地町民芸保存会の筋師《すじし》光博と寺西圭子がス

かつて3000人の日系人が暮らしたターミナル島を訪れた在米太地人会100周年訪問団＝2015年11月13日

テージの大太鼓に向き合い、「ヤァー」と気合を入れたあと「ドドン、ドドン」。リズミカルな太鼓の音はだんだん力強くなっていく。漁師とクジラの死闘シーンで太鼓は最高潮に達し、ホールいっぱいに響き渡った。

日本の古式捕鯨は十六世紀末に始まり太地浦が発祥の地とされる。

一六〇六年、和田宗家の忠兵衛頼元が刺し手組を組織し、五組の舟でクジラに銛を打ち込む「突き取り捕鯨」を始めた。七五年、孫の覚右衛門頼治は刺し手組を鯨組に一本化。さらにクジラを網に追い込み弱らせてから仕留める「網掛け突き取り捕鯨」を編み出した。巨大なクジラを効率よく捕獲するため、頼治は鯨組の分業化を徹底した。浅瀬に網を張る網舟、クジラを網に追い込む勢子舟、仕留めたクジラを曳航する持双舟。勢子舟には船長の羽指《はざし》、銛を投げる刺《さ》し水夫《かこ》、賄いや雑用の炊《かしき》者が乗り込む。

燈明崎など五か所の山見と呼ばれる司令塔からクジラの動きを知らせる狼煙に従って、手漕ぎの舟が熊野灘にクジラを追い、太地捕鯨は住民総出の一大産業になった。頼治は他藩にも「網掛け突き取り捕鯨」を惜しみなく伝え、藩主から太地姓を賜った。

ゲーリー脊古《せこ》、クリス杉田の司会で式典が進み、三軒一高《さんげんかずたか》太地町長の祝辞を漁野《りょうの》伸一《しんいち》副町長が代読した。要約して紹介する。

「十九世紀末、活路を求めて異郷の地へ渡り、時代の波に翻弄されながらも強く生き抜いた一世をしのぶとき、深い思いが込み上げてくる。ふるさとへの義捐《ぎえん》金や寄付金のおかげで町は救われ、学校を建て替え、寺社の修理がかなった」とお礼を述べる。

「歴史を軽んじる民族は滅び、祖先を尊ぶ氏は栄える」。三軒町長の持論でまちづくりの基本理念としている。「私たちは歴史の一コマにいることをしっかり受け止め、海を渡った人たちの歩みに寄り添い、後世に伝えていく」と結ぶ。

在米太地人会は町長のあいさつ文にもあるように、太地町から北米へ出稼ぎに行き、その後、ロサンゼルスの南、サン・ペドロ湾に浮かぶターミナル島に住み着いた一世たちが結成した同郷の会、相互扶助組織である。

出稼ぎの理由は古式捕鯨の終焉にあった。太地捕鯨は連綿と続くが、江戸後期になると、米捕鯨船が日本近海で操業。黒船来航の翌年、一八五四年三月、日米和親条約で米側は日本に下田・函館開港と捕鯨船への物資補給を認めさせた。

一八七八（明治十一）年の遭難事故「背美《せみ》流れ」が追い打ちをかける。米捕鯨船の乱獲でクジラが少なくなり、不漁が続く十二月二十四日、セミクジラの親子を追って鯨組は熊野灘に出漁したが、天候の悪化で百人を超える死者・行方不明者を出し、鯨組は壊滅した。一家の働き手を失った太地浦の住民たちは途方に暮れたが、いつまでも落ち込んではいなかった。熊野灘で培った海を恐れない勇気。若者たちを中心に自らを奮い立たせ北米などへ渡った。

元漁師たちは最初、カリフォルニア州などで鉄道工夫、農夫として働き、より収入を求めロサンゼルスや近郊へ南下した。サン・ペドロの磯、ホワイトポイントで天職に復帰し、アワビを捕り、干しアワビの缶詰にして出荷した。

二十世紀初め、ターミナル島で缶詰工場が操業すると、漁師たちは島に渡った。男たちは沖でイワシやマグロを追い、女たちは缶詰工場で昼夜なく働き、これまでにない高収入を得た。ツナ缶の代表的ブランド「チキン・オブ・ザ・シー」は、この島で生まれた。

ツナ缶がヒットした水産加工会社は事業を拡大、まじめでよく働く日本人を多く募った。耳寄りな話に引き寄せられ、日本から渡航者が相次いだ。適齢期の男女は結婚し缶詰工場の社宅に住み、家族をつくり、稼いだドルをせっせと故郷へ仕送りした。

ターミナル島ではピーク時、約三千人の日系人が暮らした。主に和歌山、三重、静岡出身者で、うち紀伊半島南の漁村出身の一世と島で生まれた二世が大半を占めた。島には商店、食堂、学校、寺、神社、キリスト教会もあり、柔道、剣道、相撲と並んで野球が盛んだった。正月も節句も聖夜も祝うミックス文化のコミュニティーをつくった。

同郷の会も次々生まれ、太地人会は十の同郷の会の最大規模を誇った。一九三五年撮影の集合写真には二百八十五人が盛装して写っている。貯蓄の奨励、新年会、ピクニック、日本海軍の練習艦隊が立ち寄ると、日章旗を振って歓迎した。

その後、一世も故郷に錦を飾る出稼ぎから定住へと意識を変えていった。一九二四年に排日移民法が成立すると、子どもの教育に熱心になり、同時に日本の伝統文化や日本人の心を受け継いだ日系米国人となるよう求めた。

しかし、そうした願いは日米開戦によって無残に打ち砕かれる。一九四一年十二月七日(日本時間八日)。旧日本軍がハワイ・真珠湾を奇襲攻撃すると、日本人憎しで米国世論は沸き立った。「卑怯者」といった活字が連日新聞に躍った。

米国政府は日系人を敵性外国人と見なし、島民はターミナル島を追い出され、西海岸三州に住む日系人とともに強制収容所へ送られた。米国市民の二世たちも日本人の血を引くという理由だけで一緒だった。

戦争が終わり、旧島民はターミナル島へ帰ろうとしたが、建物は跡形もなく取り壊されていた。多くは愛着のある島に近いサン・ペドロやロング・ビーチに住み、男はガーデナー、女は家政婦として働いた。一九五六年、在米太地人会は太地人系クラブと名を変え活動を再開した。

二〇〇六年、会員の高齢化を理由に解散を宣言したが、太地町の移民の歴史調査に力を入れる町側のエールに応え、二〇一一年、若い世代も取り込み百二十人で再出発した。会員の団結と尽力によって創立百周年の式典が実現した。

巨大クレーンが林立、コンテナを運ぶトラックが行き交う現在のターミナル島。かつて、日系人漁村だったと知る人は少ない。当時を偲ばせるものは、飲み屋の朽ちた看板と「Cannery St」「Tuna St」の標識、フィッシュ・ハーバーの一角に立つ「ターミナル島記念碑」

だけだ。
壁面にターミナルアイランダーズの二代目会長巽《たつみ》幸雄《ゆきお》の歌が刻まれている。

沖は黒潮　魚もおどる

Black Current off our shore Fishes so peaceful yet

父母の辛苦を偲《しの》びつつ　永遠《とわ》に称《たた》えん

We remember and honor hardships parents endured

いにしえの里

Our forever village no more forever

旧島民は今でもターミナル島をふるさとと呼ぶ。戦争で消えたターミナル島の日系人の暮らし。人種差別、強制収容所生活とどう向き合い生き抜いたのか。潮風に吹かれていると、心に期するものがわいて来た。書き残さねば……。三度目の現地取材で執筆を決意した。

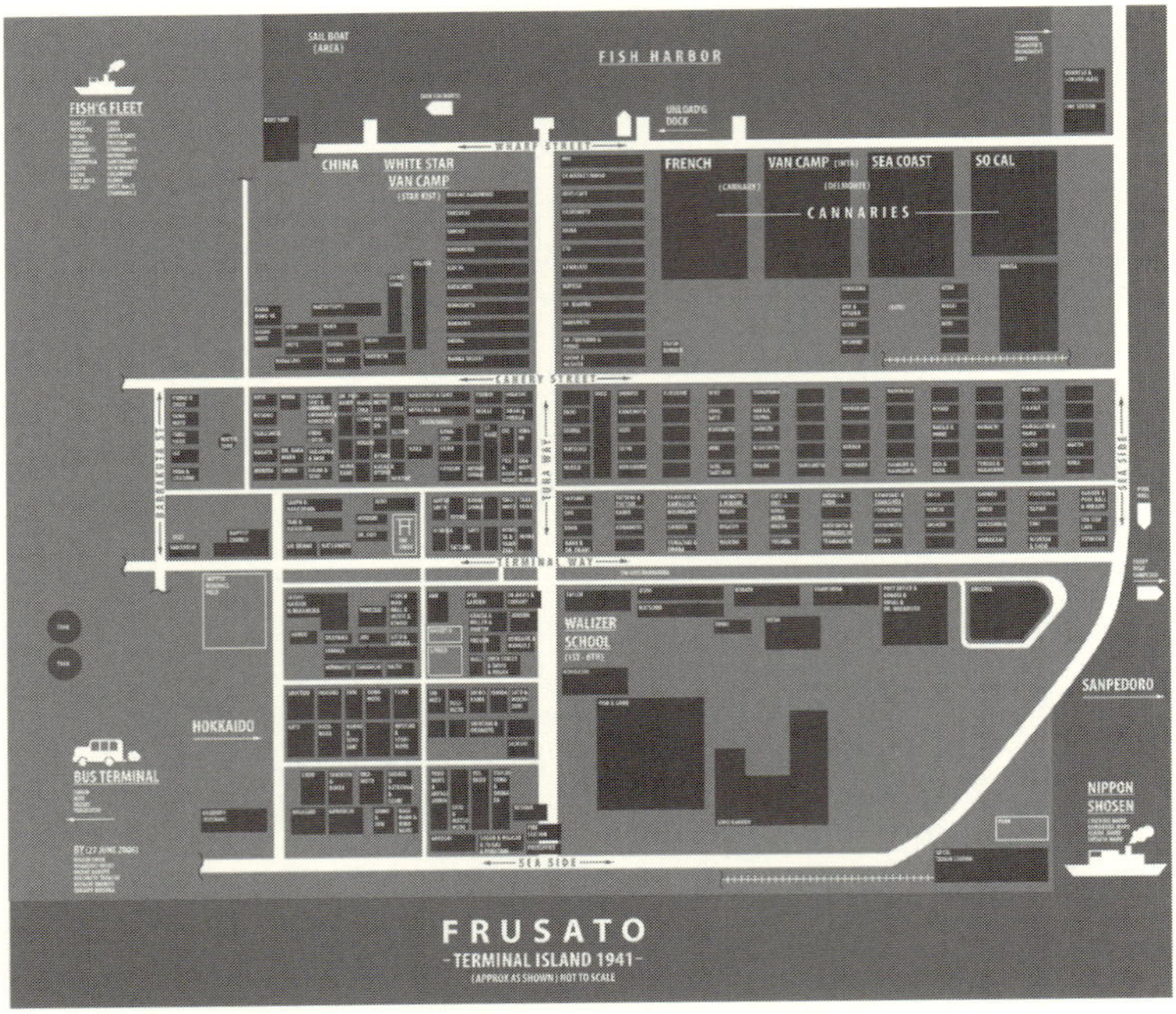

ターミナル島住宅地図（太地町歴史資料室蔵）
日米開戦前のターミナル島住宅地図。旧島民の記憶に基づき復元

第一章　海を渡った人たち

一　セピア色の集合写真

在米太地人会の創立百周年式典会場に、八十年前のパノラマ写真が飾られた。一九三五年四月七日に、太地人会がターミナル島からほど近いウィルミントンのバンニング公園で催したピクニックの集合写真を、太地町の訪問団が大きく引き伸ばして持参したものだ。縦一・二メートル、横四・八メートル。若い人たちに先人の晴れ姿を目に焼き付けてほしい。まだ名前が特定できない人の情報を得られないか。ぶっつけ本番の企画は見事的中し、名前が判明するとローマ字で書き込まれていった。

「おかっぱ頭の子は私。あれは兄さん、弟。パパもママもいるわ。ターミナル島は戦争が始まるまで楽しいところだった」。日系二世、春藤《しゅんどう》美代子はパノラマ写真を指差し、当時の様子を身振り手振りを交えて話す。

日米開戦によってターミナル島を追い出されるまで、そこに暮らした経験のある二世は、数えるほどになった。一九二五年十一月十四日生まれ、前日九十歳の誕生日を迎えた春藤の熱のこもった話に皆引き込まれた。

集合写真に収まっているのは、ターミナル島に暮らす老若男女二百八十五人。大人は太地町出身の移民一世、子どもの大半はターミナル島で生まれた日系二世たちだ。全員、ピクニックには似つかわしくない、おしゃれな服装をしている。

大人の男性は背広にネクタイ、中折れ帽やハンチング帽子で決めている人もいる。女性はワンピースにロングコート。つば広帽子をかぶった人もいる。男の子はワイシャツにセーター。ネクタイを締めジャケットを着ている子もいる。女の子は柄物のワンピース。大人びたコートを着た子もいる。

この頃の日本では、このような身なりは高根の花。株価暴落に端を発した米国発の世界恐慌の影響が尾を引いていた。青年将校や右翼が五・一五事件などテロやクーデターを起こし、満州事変をめぐって国際連盟

80年前のピクニックの写真で自分や家族を探す在米太地人会の人たち＝2015年11月15日、カリフォルニア州レークウッド

を脱退、戦争への道を突き進む前夜だった。

米国はフランクリン・ルーズベルト大統領のニューディール政策によって世界恐慌の危機を切り抜けていた。西海岸の漁業は活況を呈し、ターミナル島の漁師たちは一か月五、六百ドルの給料をもらっていた。八百~千ドルで乗用車が買えた時代だった。

ターミナル島に本部を置く南加日本人漁業組合は六百余人の組合員と九十隻の漁船をもち、大型漁船（五百馬力）はメキシコ沿海から中南米沖まで出漁した。獲ったマグロやカツオはターミナル島の缶詰工場に運ばれ、漁船が寄港するたび女性たちは一斉に工場へ。だれもが稼いだドルを円に換え、太地町へ送金した。実家や親戚への仕送り、町への寄付や義捐《ぎえん》金も忘れなかった。年間送金総額は故郷の漁獲高に匹敵した。海を隔てた異国にいても、ふるさとを大切にしたいとの証しだった。

太地人会の人たちはピクニックの集合写真が、ふるさとの太地尋常高等小学校（現太地小学校）に贈られることを知らされていた。まだ日米間の往来に支障はなく、親の出身校で勉強している米国籍の二世児童は少なくなかった。ターミナル島で元気に暮らす姿を、晴れがましい服装で着飾ってひと目見せたかったに違いない。

戦時中は強制収容所に隔離され、戦後は同島近隣のロング・ビーチなどに住み、裸一貫から再出発した。この間、太地町とのつながりは中断するが、敗戦で太地町も食料に窮していることを知ると、どの家でも小麦粉、チョコレート、衣類などを箱に詰め、郵便局に足を運んだ。

こんな例も。戦後、太地町で寺の屋根修理が行われたときのこと。町民一人、数百円に対し、米国からの送金は一人十ドル、当時の日本円に換算すると三千六百円だった。式典で代読された三軒一高町長の祝辞には、言い尽くせないほどの感謝の気持ちが込められていた。

「みなさまからの寄付金や義捐金は小学校の新築や寺社などの修理に役立たせていただきました。賜りましたご厚情は、苦しい時期にあった太地の支えでした。先人が積み重ねた歴史の一コマに私たちはいる。歴史を軽んじる民族は滅び、祖先を尊ぶ氏は栄える」

移民一世たちは偏見や人種差別、貧しさをもろともせず、ふるさとに手を差し伸べてきた。その事実を忘れてはならない。セピア色のピクニックの集合写真は、かつてターミナル島に暮らした太地町出身者の誇りや心意気を映しているようだ。

二　幻の故郷ターミナル島に立つ

二〇一五年十一月十三日、在米太地人会の創立百周年記念式典を二日後に控えた太地町の訪問団はターミナル島に足を運んだ。かつて出稼ぎとして太平洋を越えて北米に渡った祖父母たちの安住の地をひと目見るためだった。

ターミナル島は地中海性気候なので晩秋でも暖かく、からっとして日射量が多い。和歌山県南部と同緯度なので過ごしやすかっただろう。

一行を乗せた貸し切りバスはフィッシュ・ハーバーの波止場へ。降り立った人たちは荒涼とした風景に言葉を失った。かつて林立した缶詰工場や祖父母らが暮らした生活の痕跡はどこにもない。約三千人の日系人が住み、その半分は紀伊半島南部の漁村出身者が占めた。いわゆる移民一世たちの奮闘努力で繁栄した漁業の島と聞いていたからだ。

「日本のハワイ・真珠湾奇襲攻撃で米国との戦争が始まると、ターミナル島の日系人たちは追い出され、缶詰工場の社宅、商店、学校などの建物はすべて取り壊された」

太地町歴史資料室の学芸員、櫻井敬人《はやと》は歴史的経過を説明するが、皆納得がいかない様子だった。

櫻井の専門は捕鯨研究。名古屋大学大学院で学び、十九世紀初め、米国の捕鯨基地だった東部マサチューセッツ州ニューベドフォードの博物館に勤務した。二〇〇六年から太地町役場に勤め、町の移民史調査などに取り組む。

一行は波止場の右端に立つ記念碑の前に移動すると顔がほころんだ。かつて島に実在したサン・ペドロ大明神の鳥居を模したコンクリート製鳥居と漁網をつかむ漁師二人のブロンズ像が置かれ、島が繁栄を極めた頃の写真や英文の説明書きが壁面いっぱいに飾られている。

櫻井が説明文を翻訳し、かみ砕いて解説した。

〈ターミナル島は一九〇〇年初めから第二次大戦まで、三千人の漁村として繁栄し、米国水産業界の重要な役割を演じた。しかし、日系人は一九四二年二月二十五日、立ち退きを命じられ敵国人収容所に送られ村は消えた。我々はこの島を故郷とする人々や社会を忘れない〉

ターミナル島はカリフォルニア州最大の都市、ロサンゼルス市内から南へ約三十二キロメートル。サン・ペドロ湾に浮かぶ、東西約六キロ、南北約二キロの細長い島だ。現在、島の西半分はロサンゼルス市、東半分はロング・ビーチ市の管轄下にある。

かつて日系人がたくさん暮らしたのは島の西端で、イースト（東）サン・ペドロと呼ばれた。同島は最初、水路を挟んで西側のサン・ペドロ市に属していたが、一九〇九年、ロサンゼルス市がサン・ペドロ市の東海岸部を合併すると、島の西半分もロサンゼルス市の一部になった。

サン・ペドロと東サン・ペドロはフェリーで結ばれ、大人はサン・ペドロの街での買い物、子どもたちはサンペドロの中学、高校への通学に利用した。

訪問団の参加者のなかでターミナル島生まれの人がいた。

龍神好美《りゅうじんよしみ》。一九三七年十二月二十二日、いずれも帰米二世で漁師だった父、正治と母、蔦子の長女として生まれ、四二年二月に強制退去となるまで島に住んだ。七十三年ぶりの故郷訪問だった。

「真珠湾攻撃の朝、日本と米国で戦争が始まったことをまだ知らない父は、幼い私を連れ乗用車でサン・ペドロ市内へ出かけた。買い物を済ませ市内とターミナル島を結ぶ跳ね橋の手前で、ＦＢＩ係官から島に入るのを止められた。『ママ、ママ』と急に私が大声で泣き出したため、係官が『ママに会わせてやれ』と通行を許可してくれた」。父から聞いた話だ。

龍神一家も他の島民同様、敵性外国人として島を強制退去させられたのち、カリフォルニア州のマンザナー収容所へ送られた。その後、トゥールレーク収容所に移され、終戦後の四六年一月に帰国。祖父の故郷の和歌山県旧松原町（現美浜町）に腰を落ち着けた。

再訪のきっかけは特別展「海を越える太地」。北米、カナダ西部、西オーストラリアへと出稼ぎに行った太地町出身者の足跡を調べた展示会で、同町の石垣栄太郎記念館で町歴史資料室などが主催して二〇一四年二月一日から三月十五日まで開かれた。

龍神が足を運んだのは最終日。「（ＪＲ西日本紀勢線）太地駅に特急が停車する初日だったからよく覚えている」と話す龍神は特急列車に乗って展示会に出かけた。会場で販売していた図録を手にしたとき、龍神は息をのんだ。

「パラパラとめくったらターミナル島の住宅地図が目に留まった。缶詰工場、社宅、商店街、学校などが載っていた。わが家の位置はすぐ指差せた」。元島民らの記憶を櫻井たちがイラストで再現し、世帯主まで記入したが、まだ虫食い状態だった。

龍神は早速図録を購入し、まるで宝物を発見したかのような高揚した気分で美浜町の自宅に帰った。何度も何度も読み返すうちに、ターミナル島の歴史、祖父母、両親たちの苦労がしのばれた。

機会があればターミナル島の近くまで行ってみたいと思うようになった。二〇一五年五月頃、太地町が在米太地人会百周年式典への参加者を募集する記事が全国紙に載った。龍神はすぐ太地町役場に電話し、こんなやりとりをした。

「町外の者でも参加できますか」（龍神）

「ええ、行けますよ。でもどうして」（役場職員）

「わたし、ターミナル島で生まれました」（龍神）

「ツアーの資料を送りますから、よかったらぜひ」（役場職員）

龍神は「ありがとうございます」と受話器を置いたとき、のどがカラカラだったという。

「戦後、来日した米国の友達から日本人はターミナル島に入れないと聞いていたから、行けるとは思ってもみなかった」

晴れて念願をかなえた龍神は「ターミナル島は私が生まれ育った故郷で、いつも心の中にあった」と、七十三年ぶりに生誕の地を感慨深げに踏みしめた。今は亡き両親に代わって、家族写真や父、正治が撮影したターミナル島時代の写真を持参した。

今回のターミナル島訪問に姉の好美と参加した奈良県橿原市在住の若野全美《まさみ》は「私は終

戦の年の一月、トゥールレーク収容所で生まれたのでターミナル島は初めて。戦前、父や母が仲むつまじく暮らし、姉が生まれ育ったふるさとなのだと体感できた。父や母はきっと喜んでくれているでしょう」

二人の目には喜びの涙が光っていた。

三　東サン・ペドロへの道

ターミナル島の西端、東サン・ペドロ地区に日本人が住むようになったのは二十世紀初め。最初は紀伊半島南部の漁村から出稼ぎ移民として鉄道工夫などの仕事をしていた元漁師たちであった。彼らは水路を挟んだ対岸の町、サン・ペドロからやって来た。

サン・ペドロの沖合は、カリフォルニア寒流が流れ込む好漁場だ。これに目を付けた彼らはそれまでの鉄道工夫や農園での仕事に見切りをつけた。

谷甚四郎、巽幸兵衛、畑下良次郎、小畑《こばた》宇吉ら十数人が一九〇〇年頃からサン・ペドロ

73年ぶりに生まれ故郷を訪れた龍神好美さん（左）。トゥールレーク収容所で生まれた妹の若野全美さんも同行した＝2015年11月13日、ターミナル島

南岸のホワイトポイントでアワビを捕ったり、浜下善吉がエビ漁を手掛けたり、〇二年頃には前田金蔵、筋師重太郎ら三人が小型船で漁を始めた。

彼らがサン・ペドロにやって来る前の足跡は似ている。ターミナル島の南沿岸時報記者、竹内幸助が島のパイオニアを取り上げ一九三七年に出版した『サンピドロ同胞發展録』に詳しい。

谷は和歌山県東牟婁郡下里村（現那智勝浦町）出身。一八九七年に渡米、ワシントン州シアトルで鉄道工夫をしたり、カリフォルニア州中部フレズノなどの農園で働いたりした後、ロサンゼルスの鉄道会社の工夫に雇われた。その頃、サン・ペドロの沖の好漁場に目をつけた。

谷と同郷の巽は一八九九年、北米に渡った。十七歳のときだった。肉体労働の仕事を経てホワイトポイントで谷らと寄棟家屋で寝起きしながらアワビ漁を手掛けるようになった。獲ったアワビを天日で干しハワイへ出荷した。

巽ら日本人漁師の丁寧な仕事、品質のよさは評判となり、カリフォルニア州の一大水産業になった。しかし、白人の漁師たちは仕事を奪われると日本人漁師を目の敵にした。州議会は漁業法を改正し、アワビの捕獲サイズを制限するなど、日本人漁師が獲れないように嫌がらせをした。この排日漁業法によって巽らはホワイトポイントから締め出された。

二〇一五年十一月十三日、太地町の訪問団は沿岸漁業に関する資料をそろえたサン・ペドロのロサンゼルス海洋博物館を訪れた。一階の大きな水槽では、かつて日本人漁師がホワイトポイントでアワビ漁をしていた様子を潜水夫の模型人形などを使って再現している。

アワビについての解説。

〈アワビは水深百フィート（約三十メートル）ほどの岩礁に生息するカタツムリの一種で、米国では大昔から先住民たちが食べていた。貝殻は通貨や宝石類として使われていた〉

日本人漁師のアワビ捕りの様子を次のように記す。

〈一九〇一年、和歌山県からやって来た十五人のダイバーがサンペドロのホワイトポイントで五、六人乗りの手漕ぎ舟を使ってアワビ漁を始めた。ダイバーは日本製潜水ヘルメットと潜水服をまとい岩礁まで潜り、バールで岩からアワビをはがし網袋に入れる〉

さらに続く。

〈手漕ぎ舟とダイバーは命綱とホースで結ばれ、助手が手押しポンプで水中のダイバーに新鮮な空気を送る。網袋がアワビでいっぱい（六十ポンド＝約二十七キロ）になると、ダイバーが命綱を引いて合図、舟に引き上げられる〉

水槽の人形ダイバーは精巧にできており実にリアルだ。日本人漁師たちはホワイトポイントから南南西五十浬（約九十二キロ）沖のサン・クレメンテ島までアワビ漁に出かけたこともあったという。

排日漁業法によってホワイトポイントを追われた日本人漁師たちは新たな仕事を求めて

対岸のターミナル島へ移った。東サン・ペドロ地区では米水産加工会社の缶詰工場が稼働し、イワシやマグロなどが必要とされていた。

巽は日系の缶詰会社「ＬＡシーフード」の経営に参画した。業績は右肩上がりだったが、一九二九年十月、ニューヨーク株式市場の株価大暴落に端を発した世界恐慌のあおりを受けて、ＬＡシーフードは解散した。

これを機に巽は漁業から手を引き、ホワイトポイントを見下ろす絶景の温泉を買い取り、友人と共同でホテル、レストランなどを始めた。三二年の第十回夏季ロサンゼルス五輪に出場した日本人の陸上選手たちが大会後、この温泉で疲れをいやした。

アワビ漁に従事するサン・ペドロの先駆者たち＝1901年頃、ホワイトポイント（巽幸雄氏所蔵）

同五輪は三十七か国から千三百二十三人が参加、七月三十日から八月十四日までロサンゼルス・コロシアムを中心に開かれた。世界恐慌の影響で多くの国が参加を取り止めたが、日本は前回(アムステルダム大会)の四倍近い百九十二人の代表団(うち役員六十一人)を派遣した。大型派遣の背景には日本の国内事情が絡んでいた。四〇年にアジア初の東京五輪を誘致し、愛国心を高め、欧米諸国からの中国侵略への批判をかわす狙いがあったとされる。日本は軍部が跋扈《ばっこ》、昭和の戦争の発端となった満州事変(三一年九月十八日)、満州国建国(翌年三月)へと突き進んでいた。これに対し米国は日本を厳しく批判。米西海岸の日系人たちは反日感情にさらされていた。

日本代表団は二隻の客船で日系移民の多いハワイを経由してロサンゼルス港に到着した。日章旗を先頭にロサンゼルスのリトル・トーキョーを行進すると、沿道を埋めた日系人たちは日の丸の小旗を振って一行を歓迎した。

日本人選手は前回大会の五個を上回る十八個のメダルを獲得。男子競泳は六種目中五種目を制し、米国から水泳王国の座を奪った。男子陸上は三段跳びで南部忠平が金、棒高跳びで西田修平が銀を手にし、百メートルでは吉岡隆徳が日本人初の六位に入賞した。

巽幸兵衛の長男、日系二世の幸雄は当時十一歳だった。「日本選手の活躍は日系人を勇気づけた。差別や偏見と闘って来た父たちは喜び、涙ぐんだ。もう肩身の狭い思いをしなくて済む」。日の丸の小旗を作るため、赤インクが飛ぶように売れたとのエピソードがある。

四　日本人コミュニティー

ターミナル島の漁師たちは缶詰工場と契約を結び、魚の種類、漁獲量、値段を決めてから漁に出た。水揚げした魚を工場に納めると、漁師の妻や若い女性たちが包丁を手に魚をさばいた。

漁師たちは大概、郷里の知り合いや仲間うちで漁船を持った。春藤美代子の父、東《ひがし》常松は山下音次郎とふるさとにちなんだ名前の漁船「太地丸」を共有し、ホワイトスター社と専属契約を結んでいた。

漁船が港に着くと汽笛が鳴った。帰港の合図であり、「早く工場へ」と、女たちをせきたてる音でもあった。汽笛は船ごとに違い、音で持ち主がわかったという。包丁やエプロンを小脇に抱え、長靴を履いた女たちが一斉に工場へ向かった。その光景は腰を振りながら行進するアヒルのようだった。

「父が漁に出ているときは母と兄二人と弟、そして私の五人で父の船が大漁旗を立てて帰って来るのを待つの。どこの家も一緒だったと思う。みな助け合って生きているから不安はなかった。大変だったのは母だった。夜中でも船が帰ってくると、汽笛を聞き分け、缶詰工場へ出かけた。二歳違いの弟の世話は、女の私の役目。早朝だと一番上の兄が食事を作ってくれた」。春藤の少女時代の思い出だ。

『サンピドロ同胞發展録』によると、ターミナル島で最初に缶詰工場を稼働したのはサンペドロ・フィッシュ社。一九一一年のことだった。ホワイトスター社、バン・キャンプ・シーフード社、アンブルス社などが続き、一五年頃には十一社に上った。

バン・キャンプ・シーフード社は一九一四年から操業を始め、ビンナガマグロの缶詰「チキン・オブ・ザ・シー」で成功を収めた。ビンナガマグロは身が白く味も淡泊で「海の鶏肉」と呼ばれた。「チキン・オブ・ザ・シー」はのちに社名となり、今なおツナ缶の代表的ブランドの一つである。

一九一五年、南加日本人漁業組合が結成された。会員二百六十八人と漁船百五十二隻でスタート、翌年にはカリフォルニア州政府から社団法人として認められた。漁師に代わって水産加工会社と労働条件などの交渉をする労働組合（ユニオン）の色合いが強かった。

当時、米西海岸では日本人への差別が根強かった。勤勉、まじめ、安い賃金でも黙々と働く出稼ぎ移民は雇用主に重宝がられたが、零細農家やブルーカラーの白人労働者の敵でもあった。

白人労働者たちは仕事を奪う出稼ぎ日本人たちを追い出せ、と選挙戦に弱い政治家に圧力を掛けた。一九一三年、カリフォルニア州議会は外国人土地所有禁止及び借地権制限法を制定した。市民権のない外国人は土地を買うことができず、三年以上、農地を借りることもできない。日系一世をターゲットに農業から締め出す第一次排日土地法でもあった。

漁業でも日系一世と白人の漁師の対立、小競り合いなどは度々あった。キリスト教徒の白人にとって、安息日（日曜日）でも身を粉にして働く日系人は、許しがたい存在だったという。

カリフォルニア州議会には日本人漁師を締め出す排斥漁業法案が繰り返し提出された。南加日本人漁業組合の最優先課題はロビー活動を通じ、不利な法案を阻止、廃案に追い込むことだった。

『サンピドロ同胞發展録』によると、南加日本人漁業組合は一九一七年から二九年まで二年おき、三〇年から三六年までは一年あるいは二年間隔で州議会に提出された排日漁業法案を防止したとその成果を誇り、年次報告に載せている。

缶詰工場を経営する水産

缶詰工場で働く日系人女性たち＝1900年代初期、ターミナル島（巽幸雄氏所蔵）

加工会社にとって水揚げ量の多い日本人漁師たちは頼もしい存在だった。しかも、魚をさばくことに慣れた女性は、ターミナル島の日本人をおいてほかにはいなかった。排日漁業法案を阻止する南加日本人漁業組合のロビー活動を、水産加工会社も支援していたにちがいない。

日系一世の漁師たちは日本から親戚や知人を呼び寄せ、水産加工会社の期待に一役買った。また適齢期の男たちは花嫁探しのために一時帰国した。帰国費用を工面できない男は日米紳士協定（一九〇八年）の抜け道を利用して花嫁を迎えた。

同協定は日本から米国への移民を自粛する日米間の取り決めだが、「米国にすでに住んでいる日本人の家族は自由に渡航できる」という例外規定が設けられていた。仲介者を立て、写真だけで結婚する「写真花嫁」だった。

信頼できる仲介者が縁談を世話する見合い結婚の風習がある日本と違い、個人の意思を尊ぶ米社会では、写真花嫁は受け入れられなかった。第一次大戦後、米社会では排日機運が再燃したため、日本政府は一九二〇年に写真花嫁の旅券発給をとりやめた。

日本で出稼ぎ移民が始まった十九世紀末期から戦前まで、太地町からどれくらいの人々が米国へ渡ったのか。同町史は六百三十四人の名前を載せている。太地町の人口は当時も今も三千人強と大きく変わらないので五分の一が海を渡ったことになる。

明治三十年代までは二百二十七人。すべて男性だ。明治四十年から戦前までの呼び寄せによる渡航者は八十二人。米国で生まれ、幼い頃日本の祖父母に預けられて日本の学校に通い、青年期に米国に戻った帰米二世が百二人、太地町出身の男性と結婚して渡航した女性が百四十三人。メキシコを経由して米国に密入国した八十人の名簿も載る。

他町村出身者と結婚して渡航した女性は町史に記載されていないので、六百三十四人を超えることは間違いない。

米国に渡った町民の大半は親戚や知人がいるターミナル島に住み、結婚して家族をつくり、島のコミュニティーの一員になった。漁村の貧しい暮らしからの脱出だけではない、世界中から移民を受け入れる寛容な米国へのあこがれもあった。

第二章　移民から米国市民へ

一　移民のはじまり

日本人の海外移住は明治維新後に始まった。一八六八年六月、百五十三人がハワイのサトウキビプランテーションへ集団移住したのがさきがけとされる。この年は明治元年にあたり、彼らは「元年者《がんねんもの》」と呼ばれた。

仲介したのはオランダ系米国人の貿易商ユージン・ヴァン・リード。ハワイ王国総領事の肩書で江戸幕府から移住許可を得たが、出航直前、明治政府に政権が交代、新政府はハワイと国交がないことを理由に無効とした。リードは英国船に日本人を乗せ移住を強行した。

ハワイではその頃、白人の手によって砂糖の原料となるサトウキビが基幹大産業になっており、プランテーションや製糖工場の労働力を海外から調達しようとしていて、日本もその対象となっていた。給料は月額四ドル、食事などは雇い主の負担、三年契約の好条件に思えたが、現実は違った。元年者を待ち受けていたのは、炎天下の長時間にわたる労働だった。物価高、医療費負担などは当初の条件と折り合わず、日常生活は困難を極めた。

窮状を知った明治政府は翌年、外交官上野景範を特命全権公使としてハワイに派遣、ハワイ政府との交渉に当たらせた。上野は過酷な労働に抗議し、帰国希望者四十人を連れ帰った。明治政府は日本人の海外集団移住を禁止、北海道開拓を推進した。

ハワイに残った人たちは契約満了まで働いた。その後、大半は残留を延長するか、米国本土へ移住した。帰国したのはわずか十余人だった。砂糖は米国にどんどん輸出され、サトウキビ産業の賃金は三倍近くになり、ハワイや米国で旅館、写真屋、通訳などに転職した元年者がいた。

明治政府が移民を禁止した後も、南オーストラリア州、ハワイ、スペインなどから移民誘致が相次いだ。明治政府はすべて断った。維新の立役者、西郷隆盛をリーダーとする不平士族の反乱「西南戦争」（一八七七年）、北海道開拓など差し迫った国内事情があったからだ。

一方、近代化を急ぐ明治政府の台所事情は苦しくなっていた。税制度を江戸時代のコメによる物納から、安定した税収を確保するため土地に課税する「地租」に変えたが、政府歳出の三十五パーセントを占めた西南戦争への莫大な戦費支出は国家財政を圧迫した。

しわ寄せはいつの時代も国民に。明治政府は農民に転嫁したため一八七五〜七七年にかけて農民騒動が多発。七六年の地租改正反対の伊勢暴動は愛知、岐阜、堺県に波及。翌年、政府は地租を三パーセントから二・五パーセントに引き下げたが、インフレが追い打ちをかけ、八一年のコメの値段は七六年の三倍まで高騰した。

同年、松方正義が大蔵卿に就任すると、増税と軍事費以外の歳出をカット。西南戦争の戦費調達のために乱発し、インフレの原因となった金貨と交換できない不換紙幣を回収した。「松方財政（デフレ）」である。輸出が大きく伸び、物価は下がったが、米価の暴落によって約百六十万戸の零細、小農家が押しつぶされ離農を余儀なくされた。再び各地で一揆が続発。八四年の秩父困民党の蜂起が最も激しかった。

農地を失った農民は、都会へ出ても就職の機会はなく、海外へ出稼ぎに行かざるを得ない状況に陥った。政府も海外移住を真剣に考えるようになっていた。

太地町ではこの間の七八年十二月二十四日、悪天候の熊野灘でセミクジラの親子を追って百人余の犠牲者を出した「背美流れ」によって鯨組は壊滅。多くの漁師は生活の糧を失った。海でつながっていればどこへでも行ける。目を向けた先は海外だった。

二　官約移民

ハワイ王国のカラカウア王は世界一周の途中、日本を訪れ明治天皇と会見、ハワイへの移民送り出しを求めた。一八八一年三月のことだった。八四年にはハワイに日本領事館が開設され、イアウケア全権公使が来日し明治政府と移民について粘り強く交渉すると、それまで移民送出に頑なだった明治政府は政策転換に踏み切った。

交渉の裏にはキーパーソンがいた。ハワイ政府が駐日ハワイ総領事兼代理公使に任命したロバート・W・アーウィン。父はピッツバーグ市長や下院議員などを務めた政治家、母は建国の功労者ベンジャミン・フランクリンの孫という毛並みの良さを備えていた。

若い頃、太平洋郵便汽船の横浜駐在代理人として来日。貿易商に転じた後も横浜に住み、伊藤博文と明治政府を牽引した井上馨（外務卿）や実業家益田孝（三井物産初代社長）と知り合い、交渉に臨むとき二人を後ろ盾にした。

明治政府は相次ぐ農民一揆、国内経済の行き詰まりを打開するため、一八八五年、ハワイ政府と日布渡航条約を結び、十六年ぶりに移民を再開する。雇用契約は移民とハワイ政府の間で結ばれたが、明治政府がハワイ政府に移民を斡旋する「官約移民」の始まりだった。契約期間は三年。一か月の給料は成人男子九ドル、同女子六ドル。住宅、食費、医療費は雇用主が負担。食費は男子が六ドル、女子は四ドル、子どもは一ドル。労働時間はサトウキビプランテーションが一日十時間、製糖工場は十二時間。残業代は男子が時給一二・五セント、女子は八セント。一か月の就労日数は二十六日間などと詳細に取り決めた。

移民募集に当たってアーウィンから助言を求められた井上はこう答えたという。「遠くに行くことを恐れず、正直者で間違ったことはしない県民性の山口県、広島県、熊本県から募れ」。三井物産が移民希望者を募集、第一回の応募に対し約二万八千人の申し込みがあった。九百四十四人が最初の官約移民に選ばれた。成人男子六百七十六人、同女子百六十人、子ども百八人。山口、広島、熊本の三県が大半を占め、和歌山県から二十二人が選ばれた。一団を乗せた「シティー・オブ・トーキョー」号は一月二十七日、横浜港を出港した。

「シティー・オブ・トーキョー」号は二月八日、ハワイ・ホノルル港沖に着いた。常夏の風が頬をなでる。初めて見るエメラルドグリーンの海。船上から「おおっ」という声が上がったにちがいない。

しかし日本とは異なる風習、言葉。炎天下の労働はきつかった。移民たちがそんな生活に即興で詞をつけて歌い、励まし合い、ふるさとをしのんだ歌が「ホレホレ節」。ホレホレとはサトウキビの葉を落とす手作業のことだ。ハワイ生まれのフォークソングといえる。

今日のホレホレ　辛くはないよ　昨日届いた里便り
横浜出るときゃ　涙出たが　今は子もある孫もある

ハワイ　ハワイと来てみりゃ地獄
ボース（農園経営者）は悪魔でルナ（現場監督）は鬼

日本人移民は実によく働いた。

給料、食費、残業代を合わせた月収は平均十八ドル。六・五ドルの生活費を差し引くと、十一・五ドルが手元に残る。一ドル＝二円で換算すると、月額二十三円の蓄えになる。日本の農家収入の三倍近くになったが、大病や散財をしないといった条件付きの単純計算である。

移民たちは蓄えの中から日本の家族などに送金した。ハワイからの仕送りはふるさとの台所を潤した。一方でハワイの気候風土が合わず、不慣れな労働が原因で病気になったり、死亡したりした人は決して少なくなかった。

明治政府とハワイ政府の二十六回に上る官約移民協定は一八九四年六月で終了する。合計約二万九千人が官約移民としてハワイへ渡り、うち二千余人が死亡、帰国者は半数余りだった。米本土に渡った人もいるが、大半はハワイにとどまり、今日の日系人社会の礎となった。

アーウィンはハワイの雇用主たちに日本人への理解を求め、労働改善を訴えたという。井上、益田、財界人の雄、渋沢栄一らと台湾製糖の創立発起人に名を連ねるなど、一九二五年に八十一歳で亡くなるまで日本経済界で活躍。妻のイキ・タケチと東京・青山霊園に眠る。

三　白人労働者と対立

ずいぶん前のこと。瀬戸内海に浮かぶ島、山口県周防大島町に日本ハワイ移民資料館を訪ねた。第一回官約移民の約三割はこの島の出身者だったとされる。資料館には夢を抱いて島を後にしたハワイ移民の過酷な労働や生活の様子を、写真や生活道具で展示してあった。

同資料館は福元長右衛門の旧宅を再活用。官約移民が終わって三年目の一八九七年、十六歳の福元はサンフランシスコに渡り、白人家庭で家事を手伝いながら学校に通い、後に貿易事業で成功を収めた。木造かわらぶき二階建て約四百五十平方メートルの立派な屋敷は福元が故郷に錦を飾った証しである。

周防大島の島民が官約移民としてハワイへ出稼ぎに行った頃と、福元が自由移民として渡米した頃では賃金、生活は雲泥の差があった。もちろん米本土が上だった。官約移民たちがハワイで暮らす写真と福元の旧邸宅がその証左だ。

ハワイ　ハワイと夢見てきたが　流す涙は甘蔗（きび）の中
行こか　メリケン（アメリカ）　帰ろか日本　ここが思案のハワイ国（ホレホレ節）

自由移民の時代になると、海外雄飛を志す日本人の目は米本土に向いた。ハワイより高い賃金は魅力だった。ホレホレ節の歌詞は米国に渡るか、日本へ戻るか、岐路に立った心境が歌われている。福元が渡米した翌年、ハワイは米国に併合された。

ハワイから米本土へ転住する日本人は官約移民の初期にもいた。官約移民約二万九千人の半分はハワイにとどまり、うち八百余人が米本土へ。一八九〇年代後半、日本とシアトル、サンフランシスコ間に定期航路が開かれると、渡米する人は年ごとに増えていった。

日本人が専らめざしたのは米西海岸カリフォルニア州だった。西部開拓の途上にあった同州では、絶対人口が少なく白人の人件費は高かった。鉄道工夫、鉱夫、農業で、中国人に代わる安価な労働力が必要とされていた。

アジアから米国への最初の移住者は中国人だった。カリフォルニア州のゴールドラッシュ、大陸横断鉄道の建設中は重宝されたが、開通後、失業した中国人たちは白人労働者と仕事の奪い合いになり、一八八二年制定の中国人排斥法によって新たな入国を禁じられた。日本人労働者は歓迎された。正直でまじめ。これが何よりの理由だった。長時間労働をいとわず、薄給に甘んじ、わらをクッション代わりにしたベッド、粗末な食事にも表立って不平を言わない。雇用者からすると望ましい条件をそろえていた。

大半が独身男性で▽家内労働（住み込みで家事をこなし空いた時間に学校へ通う）▽レストランの皿洗い▽農園または製材所の人夫▽鉄道工夫――が主な仕事だった。最低月五ドル（英語が通じず米国事情に慣れない者）から二十五ドル（力仕事）と、日本よりうんと高かった。

カリフォルニア州の日系人は年を追って増えていった。十年ごとに比べると、一八九〇年の千百余人から一九〇〇年は一万余人、一九一〇年は四万千人、一九二〇年は七万余人と右肩上がり。西海岸全体では一九三〇年には十二万余人となった。

同州の人口に占める日系人はわずか二パーセント（一九二〇年）に過ぎなかった。しかし、安い給料でまじめによく働くことが白人の仕事を奪い、白人労働者のスト破りに利用する経営者も現れた。かつて中国人が経験したような偏見や人種差別と闘わなければならなくなった。

当初、日系人は故郷に錦を飾ることを夢見てひたすら働いた。定住する人も現れ、白人から農地を借りて野菜や果物を栽培する人、それらを仕入れて販売する人、あるいは宿泊所、料理店、クリーニングなどを始める人も出てきた。

商売相手は日系人同士だった。たとえば一世の食事は日本食だ。日系人が作った野菜なら安心、安全。白人からすれば店の売り上げが減少することになり、日系人に対する反発や敵意を生んだ。

四　日米紳士協約

日本人の排斥が強まるのは一九〇〇年頃から。サンフランシスコではこの年、職工組合が日本人移民の制限を決議し、日本政府は移民の旅券発給を停止したが、移住希望者は後を絶たず、米準州のハワイを迂回して本土をめざした。

一九〇四年、日露戦争が勃発。米世論は大国ロシアに果敢に挑む日本をひいき、日本人排斥機運は一時鎮静化するが、戦況が日本有利になった〇五年二月から風向きが変わった。

サンフランシスコ・クロニクル紙が日本人排斥記事を連日載せ、「戦争が終わると日本移民が押し寄せてくる」と市民をあおった。

同紙の影響を受けたカリフォルニア州上下両院議会は三月、日本人移民の入国を制限し移民を減らす条約を日本と結ぶよう政府に求める決議をした。五月にはサンフランシスコで日本人などを対象とするアジア排斥同盟が結成された。

カリフォルニアは新参者が多かった。ゴールドラッシュの金鉱目当て、鉱山や鉄道で働くため入植した白人たちだ。労働運動が活発で、かつてのカリフォルニア共和国のベア・フラッグ州旗の下、一つにまとまろうという意識が強く、日本人移民は格好の排斥の的となった。

一九〇六年四月十八日、サンフランシスコでマグニチュード七・八の大地震が発生した。多くの建物が倒壊し、火災で市街地は壊滅状態になり、約三千人が死亡、約四十万人の人口の半分が家を失い、約一万人の日本人が被災した。

日本政府は約二十五万ドル（現六億円相当）の復興資金をサンフランシスコ市へ贈った。各国の義援金を上回る額だったが、市内では震災ビジネスの恩恵を受ける日本人への嫌がらせが横行。地震発生の半年後に「学童疎開事件」が起きる。

サンフランシスコ市内の多くの学校が地震で被災した。市教育委員会は教室が足りないことを理由に挙げて、十月十一日、日本人・韓国人児童を市の外れにある東洋人学校へ転校させることを決めた。

東洋人学校とは、中国人排斥運動を背景に、中国人児童を公立学校から締め出すための学校だった。この頃、サンフランシスコの全学童（小学一年から中学二年）約二万五千人に対し、日本人学童はたったの九十三人だった。

アジア排斥同盟の圧力があったのは言うまでもない。同盟は震災復興が進むなかで、日本食レストランなどの事業を拡大する日本人に対し、嫌がらせやボイコット運動を率先した。

学童隔離事件は日本の「国民新聞」で報道されると、国民の反発を招いた。米政府が事件を知ったのはサンフランシスコ市教育委員会の決議から十日もたってからだった。しかも国民新聞を読んだライト駐日米大使が国務省へ打った緊急電報からだった。

セオドア・ルーズベルト大統領は日本政府の抗議を重く受け止め、自ら収拾に乗り出した。日露講和を斡旋したルーズベルト。西海岸の一地域の問題が日米関係を損ない、米政府の東アジア政策に悪影響があってはならないからだ。

ルーズベルト大統領はカリフォルニア州出身のメトカーフ商務労働長官を現地に派遣し、長官は大統領の意を受け同州議会でサンフランシスコ市教委を厳しく批判した。ところが、新聞は、メトカーフ長官は州民を顧みない裏切り者だと批判した。

日本人は低賃金でも喜んで働き、かつて白人から仕事を奪った中国人と同じだ。にもかかわらずルーズベルト大統領は日本人を擁護、州政府に内政干渉しているとも書いた。白人にとって日本人も中国人も英語以外の言葉を話し、共に似たような顔をした黄色人種だった。

熱血漢のルーズベルト大統領は「市内の七十六校のうち四十五校は被災しておらず、日本人学童の受け入れに問題ない」との現地報告を受けると、連邦議会でサンフランシスコ市教委を「愚かな行為」と一刀両断、「日本との友好関係を台無しにすることは許せない」と述べた。

年が明けた〇七年一月、ルーズベルト大統領はホワイトハウスにサンフランシスコ市長、教委関係者を招いて説得を試みた。「政府は、日本人移民を制限する協定を日本と結ぶ」と明言した。

その頃、日本は米国への旅券発給を自粛。しかし、ハワイ、カナダ、メキシコを経由して米本土にやって来る日本人は後を絶たなかった。ルーズベルト大統領は迂回ルートの日本人移民を排斥する条項を含む連邦移民法の改正をサンフランシスコ市側に提案した。修正条項案は二月に連邦議会で可決され、ルーズベルト大統領がサインした。サンフランシスコ側は日本人学童を公立学校に復学させた。この事態を受けた日米両政府は〇七年十一月から〇八年二月にかけて移民について協議し、「日米紳士協約」が結ばれた。

協約の趣旨は、限られた日本人しか渡米を認めないというものだった。米政府は排日法制定の機運を抑え、その代わり日本政府は在米移民の両親、妻子の呼び寄せ、日本で教育を受けた日系二世、留学生、商人以外の渡米を自主制限した。呼び寄せの始まりだった。

五　呼び寄せの時代

いつの時代も知恵のはたらく人はいるものだ。日米紳士協約は「写真結婚」という副産物を生んだ。「写真結婚」とは、在米日本人の独身男性が見合い写真や手紙の交換によって、日本から花嫁を迎える仕組み。二十世紀初頭の婚活によって大勢の女性が海を渡った。

その頃の在米日本人は独身男性が大半だった。故郷に錦を飾る夢はすぐには実現できず、新天地で一旗揚げようという野心家もいた。市民権のない日本人と米国人との結婚は法律で禁じられ、日本人女性と結婚、精神的な支えとしたいと望むのは至極当然なことだった。

しかし、帰国して花嫁を連れて来る経済的ゆとりや甲斐性のない男性の婚期は遠ざかる。写真結婚は願ってもないチャンスだった。日本では見合い結婚という慣習があり、信頼ある人の仲介で出身地などから花嫁を迎えた。

日本政府もこの写真結婚に期待した。しっかり者の女性移民を増やすことで家庭を核とした日本人コミュニティーが生まれ、日本人の地位が向上すると考えたからだ。そこで花嫁となる女性に旅券申請の半年以上前に夫の籍に入ることを義務付けた。

写真結婚。「めでたし」ばかりではなかった。

親の勧めで婚約、新郎のいない日本で式を挙げ、入籍してから旅券発給を待って渡米した花嫁たち。海外移住者の誇張された成功談。会ったことのない新郎への期待と不安を抱えて長い船旅を過ごしたことは想像に難くない。

港で待っていた新郎は花嫁が握りしめていた写真とは似ても似つかぬ男だったとか、前もって聞いていた職業とは違っていたとか、一張羅のスーツを着込み他人の立派な家の前で撮った写真を送ったとか。日本から花嫁を迎えた男たちに罪の意識はまったくなかった。

理想と現実のギャップにぶつかり途方に暮れ、なすすべもなく忍の一字で米国での第一歩を踏み出した花嫁は少なくなかった。憤慨して帰国しようにもできなかったのは、片道切符だったのは事実だが、「出戻り」は日本社会では家の恥とされたからだ。

「我慢」や「辛抱」を受け入れ渡米した日本女性たち。意外やその数は年々増えていった。一九〇〇年、九百八十五人だった日系女性は十年後、約十倍の九千八十七人。一九二〇年には三万八千三百三人まで増え、男女比は二十四対一から二になった。

六　排日移民法

海を越え米国の日本人男性に嫁いだ女性たちは働き者だった。生活に慣れるまで時間と努力は要ったが、新しい家族のためにといった責任感や、日本より豊かな暮らしを手に入れたいとの願いが「ジャパニーズアメリカン」として生きる覚悟の支えとなった。

手っ取り早く就ける仕事は二つ。白人が経営する農園の作業か白人家庭の家政婦だった。英語が話せなくても肌の色が違っても働く妨げにならず、家政婦は米国の生活習慣を会得するチャンスとなった。

日米紳士協約が結ばれた後、日本人は都市から近郊の農業地域に移って行った。都市では日本人に仕事を奪われたと逆恨みする白人たちの日本人排斥はエスカレート。農業地域では日本人の安い労働力を必要とした。災難を逃れるように町を出た日本人は多かった。

「写真花嫁」のほとんどは明治生まれ。結婚して子どもを産み育てることが女の仕事だと、幼い頃からしつけられてきた。農場では日の出とともに起きて家族の食事を作り、日没まで夫と働いた。

共働きのおかげで日本への仕送りとは別に貯金もできた。子育てが一段落する頃、農夫から独立。白人から農地を借り、野菜や果物を栽培、市場に出して現金収入を得る者が現れてきた。

一定の広さの耕地からいかに多くの収穫を挙げるか。日本で体得した農業技術を生かし、品質に改良を加えた農産物を生産出荷した。日本人の農産物は新鮮でおいしいと評判を呼び、イチゴは消費者に絶大の人気を誇った。

ポテト・キングと呼ばれた牛島謹爾《きんじ》（一八六四〜一九二六年）、ライス・キングと称された国府田敬三郎ら農場経営者も生まれた。勤勉、実直な日本人の農業は白人農業を品質で上回った半面、ねたみや反感を買った。

週末や日曜日も働く日本人。キリスト教徒の白人にとって、日曜日は教会へ行く安息の日だった。朝夕仏壇に手を合わせる日本人との宗教観の違いなので仕方ないとしても、日本人の男が妻を奴隷のように扱うのはもってのほか、と言わんばかりの非難が渦を巻いた。カリフォルニア州農業地域の排日運動の究極は日本人を農地から追放することだった。同州議会はその第一矢として一九一三年、外国人土地所有禁止法を制定した。帰化不能外国人の土地所有を禁止し、借地権を三年以内に制限した。

帰化不能外国人とは、米帰化法（一七九〇年制定）によって米市民権を獲得する資格のないアジア人などを指し、日本人はそのなかに含まれた。日系一世として米国籍が取得できたのは戦後の一九五二年。改正移民帰化法（ウォルター・マッカラン法）ができてからだった。

外国人土地所有禁止法は排日土地法と呼ぶには不完全だった。日本人たちは法律の専門家と抜け道を見つけた。市民権のある二世に土地の名義を書き換えたり、二世を株主にした法人で土地を買ったり、親たちは子ども名義の土地でそれまで通りの農業を続けた。

翌年、ヨーロッパで第一次大戦が勃発すると、兵士の食料となる農産物の需要が高まり、戦争特需の恩恵を受けた日本人たちは事業を拡大した。カリフォルニア州などでの排日機運は和らいだものの、戦争が終わると再燃した。

一九二〇年、カリフォルニア州で外国人土地所有禁止法の修正案が州民投票にかけられ、三倍差で可決された。帰化不能外国人（日本人移民）から借地権を取り上げ、未成年二世の土地所有を禁じた。

日本政府は写真結婚を禁止したが、法案阻止に効果はなかった。同様の法案は一九二四年までに十を超える州で成立する。四十五万余エーカーあった日本人の農地は五年後に三十万余エーカーまで減少する。

とどめは連邦議会による一九二四年の改正移民法だった。増えすぎた東欧、南欧、アジア出身者の移民を厳しく制限するため、年間受け入れ数に上限を設け、一八九〇年の国勢調査時に米国に住んでいた各国出身者数の二パーセント以下とした。

日本への割り当てはたったの百四十六人。しかも、帰化不能外国人の入国禁止条項によって日本から米国への移民は事実上終焉した。

第三章　ターミナル島

一　浜崎家の人々

九十二歳の日系一世チャーリー・生平《おいへい》・浜崎は、二〇一五年六月十五日、ピックアップトラックを運転し筆者の宿泊先に現れた。前日、ターミナルアイランダーズのピクニックで日射病にやられ病院へ担ぎ込まれたが、一晩で回復し、チャーリー節は健在だった。ピクニックは毎年六月、ロサンゼルス近郊ブエナ・パークのジョージ・ベリス公園で開かれる。近年参加者は若い世代に交代しているが、ターミナル島生まれのチャーリーは九十の坂を越えてもかくしゃくとしピクニックを引き立てる。

筆者はチャーリーに会えるのを期待して会場へ。チャーリーは筆者を見つけると「おお、よく来た」と両手を広げて歓迎してくれた。渡米前に手紙でインタビューを申し込んでいたので、ロサンゼルス近郊ニューガーディナのホテルまで出向くと言ってくれた。

翌日、約束の午後一時まで外出、ホテルに戻ると、フロントで留守電メモを受け取った。チャーリーの妻、文代からだった。悪い予感がした。電話すると、チャーリーは前日、筆者と別れた直後、体調が悪くなり救急車で病院へ運ばれたという。

文代によると、チャーリーの症状は軽く点滴を受けて自宅へ連れ帰った。しかし、年寄り扱いする医師に腹を立て、処方薬をのまないので困っているという。駄々をこねるチャーリーに笑いが込み上げたがこらえ、「お大事に」と電話を切った。

ところが、一時間もしないうちにチャーリーが現れた。車から降りてテラスに移動するなり、「簡単にくたばらないよ」とにやり。パラソルを差したテーブルを囲み、「何でも聞いてくれ」。私は元気なチャーリーに安堵、あきらめかけたインタビューを始めた。

まず両親について質問した。

「パパとママは明治の終わり頃、和歌山の漁村（田原村）から米西海岸へ出稼ぎに来た。パパは鉄道工夫や庭師の仕事、ママは家政婦をしたあと、ターミナル島に移った」

父、太平《たへい》は一八八一年、和歌山県東牟婁郡田原村（現串本町）の漁師の家に生まれ、十七歳のとき渡米した。キューバをめぐり米国とスペインの戦争が勃発。米国は中国進出への足場となるフィリピン、グアムなどを手に入れた年だった。

日本では日清戦争が終わり、戦後不況と出征兵士たちの帰還が重なり、同村でも若者が就ける仕事はなかった。サンフランシスコに貿易商として成功した高尾鶴松がおり、若者たちは高尾にあこがれ太平洋を渡った。太平もその一人だった。

田原村からの海外渡航は一八九六年から一九〇二年が最も盛んで、約二千人の人口の四分の一を占め、四人に一人が「一攫千金」「錦衣帰郷」を夢見て渡航した。田原村が紀南のアメリカ村といわれる由縁だ。

太平が着いた先はワシントン州都シアトル。鉄道工夫の仕事に就いたが、より高い賃金を求めてサンフランシスコに移った。しかし、一九〇六年、大地震が発生、復興の混乱に乗じてサンフランシスコでは日本人排斥がエスカレートした。

太平はサンフランシスコに見切りをつけ、ロサンゼルス北東の農業地帯、パサディナへ。大農場を経営するランガー家の庭師に雇われた。渡米から十二年余。この間、同郷の浜崎家の婿養子となったが、妻を病気で亡くしていた。妻の妹、菊枝と再婚した。一九一〇年頃だった。

浜崎家は田原村では「又史郎」の屋号を持つちょっとした資産家だった。菊枝の父は契約移民としてハワイに渡り、サトウキビ畑で十年働き千ドルを蓄えて帰郷した。その金で家や山を買ったという。

太平と菊枝の耳にもターミナル島の活況ぶりが聞こえてきた。紀伊半島南部の漁村出身者が住み付き、男は漁船に乗り、女は缶詰工場で働き、農場より高い賃金を得ている。早速ランガー家をいとまごい、ターミナル島に腰を落ち着けた。

島民の大半は日本人なので白人から差別を受けることもなく、治安もいいので男たちは安心して漁に出た。太平と菊枝は缶詰工場の社宅に住み、太平は漁船に乗ってメキシコ湾岸まで魚を追い、菊枝は缶詰工場で包丁を手に水揚げされた魚をさばいた。

漁船が戻ると、昼夜を問わず缶詰工場から女たちに召集が掛かる。乳飲み子を抱える女は一緒に出勤する。「ゆりかご代わりの段ボール箱に入れられ、ママの仕事が終わるまで工場の隅に放っておかれた」と、チャーリーは話す。

二　家族別々の暮らし

子育ては母親任せだった。実家が子どもを預かってくれたら安心して働ける。日本の高等教育も受けさせてやりたい。学歴があれば親と同じ苦労はしないですむ。ターミナル島ではそう思う夫婦は多かった。

浜崎菊枝は六人の子どもを産んだ。一九一二年、エミコを筆頭に二年おきに長男太実《たみ》一《かず》、次男太臣《ふとみ》、次女シズカ、三男珍男子《うずひこ》、四男生平ことチャーリーが最後だった。

「父は読みづらい名前を付け、生平は偉いお坊さんから取った。日本人学校で『おいへい』とは呼んでもらえなかった。小さい頃から人を笑わせるのが好きで、チャーリーは喜劇王チャップリンにあやかった」

チャーリー以外の五人のきょうだいはターミナル島生まれの日系二世。米国市民だった。しかしチャーリーは日本人だった。チャーリーが米国人となるのは戦争が終わってからのことだ。

その訳はこうだ。太平と菊枝は実家に子どもたちを預けるため一九二二年六月、実家がある和歌山県田原村（現串本町田原）に一時帰国した。九歳のエミコを頭に乳飲み子の珍男子を連れた七人の船旅だった。その時チャーリーは菊枝のおなかの中にいた。

一家は三か月ほど実家に滞在してからターミナル島に戻る予定だったが、出発直前になって太実一がはしかにかかり、菊枝は看病のため帰国を延ばし、夫の太平だけ単身帰国した。十月七日、菊枝はチャーリーを出産、祖父母が田原村役場に出生届を出した。

菊枝は翌年三月、生後五か月の生平を抱き、十歳のエミコを生平の子守り役としてターミナル島に連れ帰った。他の四人は祖父母の家から学校へ通った。みな勉強がよくできた。ターミナル島からの仕送りのおかげで中等教育を受けることができた。

太実一は県立新宮商業学校を卒業した一九三三年、さらに三年後、高校を卒業したシズカと高校を中退した珍男子は、ターミナル島に戻った。太臣は浜崎家の跡取り息子として祖父母のもとにとどまった。

きょうだいの運命は戦争によって大きく分かれた。

この年、太臣は日本の徴兵検査を受け甲種合格した。和歌山歩兵連隊に入営後、将校を養成する陸軍士官学校の試験に合格したものの、日米二重国籍を理由に入学を拒まれた。

一九四一年十一月。日米開戦は必至だった。チャーリーはサン・ペドロ高校を卒業し、漁師になりたての十九歳だった。

「田原の実家から『もうすぐ米国と戦争が始まるから戻って来い』と帰国を促す手紙が

届いた。両親は帰る気はなかった。太臣兄さんのことが心配でターミナル島へ戻るよう何度も手紙を出した」

その頃、太臣は中国の戦場にいた。天皇のために死ねと教えられた太臣は間もなく戦場の露と消えた。「戦後初めて田原に行ったとき、仏壇に金鵄《きんし》勲章が飾ってあったよ」。太臣、陸軍大尉。享年二十五だった。

「ママがボクをターミナル島に連れて帰らなかったら、太臣兄さんと同様、日本軍兵士となって戦場で死んでいたかもしれない」。こう振り返るチャーリーだが、戦時中、米市民権のないチャーリーは差別や偏見に翻弄されるが、決してあきらめなかった。

三　移民から定住へ

一九二四年の米移民法改正（排日移民法）で日本からの移民が終焉すると、ターミナル島の日本人（一世）たちは出稼ぎから定住へと軸足を移す。米市民として生きていく日系二世たちの将来を案じての決心で教育に力を注いだ。

米国では学歴があれば立身出世の道は開ける。明治以降の日本でも経験済みだった。白人から偏見や差別に遭うこともないだろう。親の歩んだ苦難の道をわが子にだけは歩ませまいという親心だった。

ターミナル島が活況を呈するきっかけは、フィッシュ・ハーバー（漁港）の完成だった。一九一五年に島の南岸が改修され、港の近くにマグロやイワシの缶詰工場が次々と稼働した。工場に隣接して社宅ができた。安普請の木造長屋とバンガロー式家屋だった。

最初はカリフォルニア州サンタモニカ、ウイルミントン、ロング・ビーチ、サン・ペドロから職を求めてやって来た日本人家族が住んだ。バン・キャンプ社の社宅に住んでいる、と言うだけで住居の位置がわかった。

島の人口は缶詰の需要に比例した。一九一七年に米国が第一次大戦に参戦すると、兵士の携帯食料として缶詰は増産され、長期保存の利く便利な食品として一般家庭にも受け入れられた。一九二〇年頃の島の人口は千二百人ほどになった。

日本人一世は稼いだお金を故郷に仕送り、さらに故郷に錦を飾るのが渡米の目的だったが、思い通りにならないのが世の習い。結婚して家族ができ、子どもが成長すると教育は欠かせない。

ターミナル島の教育は米人女性が二十人ほどの児童を預かる私塾から始まったとされる。父母の要請でロサンゼルス市教育局は一九一九年、バンガロー式校舎を一棟建設、小学一〜四年と付属幼稚園を併設する市立東サン・ペドロ小学校（Elementary School）が開校した。二一年には帰米児童たちで教室が足りなくなり校舎は三棟に。事務室や講堂、父母たちが無償奉仕で造った日本庭園やテニスコートも備わった。日本庭園は池や朱塗りの太鼓橋などがある本格的な造りで記念撮影のベストポジションだった。

校長には教師のミルドレッド・ワリザー女史が就いた。教師はほとんど白人女性で、最初数人だったが、二八年に十人、三五年には十八人まで増員された。

日常会話は英語。毎朝、教室の隅に立てられている星条旗に向かい「I pledge allegiance to the flag of the United States of America」と米国に忠誠を誓う子どもたちの声が聞こえた。校長のスピーチを聞く前には「Oh say can you see…」とアメリカ国歌「星条旗」を合唱した。

学校の外ではクリスマスや感謝祭のとき、子どもたちの聖歌や喜びの声が響き渡り、日本人漁村を米国色に染めた。子どもたちがアメリカナイズされた人間として成長するのはごく自然だった。

東サン・ペドロ小学校は公立学校であったが、カリキュラムのほかに英語を話せない子どものための特別授業、演劇やダンス、桃の節句（ひな祭り）、端午の節句（こどもの日）など日本の伝統行事も行わ

1930年代のターミナル島のフィッシュ・ハーバー＝1936年、イマダスタジオ撮影（太地町歴史資料室所蔵）

れた。ひな祭りの日に庭園の太鼓橋の上で撮影した和服姿の女子児童の写真が当時の華やぎをとどめている。

排日運動の燃え盛るなか、キリストの愛を説き正義をたたえて日本人を守り抜いたワリザー校長のリーダーシップの賜物といえる。ワリザー校長は父母、島民から「日本人の母」と慕われた。

チャーリー・浜崎は付属幼稚園から東サン・ペドロ小学校へ通った。仲間を誘っていたずらを繰り返した。ある日の音楽の授業。堪忍袋の緒が切れた女性教師はチャーリーとリョウノ・テツヤをピアノの下に押し込んだ。チャーリーはテツヤと示し合わせたかのように教師の両脚にかみついた。「ギャー」と悲鳴が上がったとき、すでに二人は姿を消していた。

先生のお仕置きは徹底していた。二人の首根っこをつかんでバスルームに連れて行くと、「覚悟はいいね」と口の中へ石鹸の泡を放り込んだという。「お仕置きはしょっちゅうさ。体罰？　誰も思わないさ。悪いのはおれたちだから」

小学校でもチャーリーの腕白ぶりは際立っていたという。「授業中、おしゃべりが過ぎると、ワリザー先生から口にばんそうこうを貼られた」。チャーリーは米国育ちの「バター臭い人間」になっていた。

日本人であることを強く意識する一世の肝いりで、子どもたちに日本語を教える教室がターミナル島の仏教系（曹洞宗）曹溪学園とキリスト教系（バプテスト派）聖書学園で開かれた。

聖書学園の日本語教室は日本人教師が読み書きを教え、月曜日、水曜日、金曜日の午後四時から六時まで、土曜日の午前九時から正午まで週四回だった。村上慶吉は読み聞かせが上手な先生として子どもたちの人気が高かったという。

「親は曹溪学園を勧めたが、ボクは聖書学園が好きだった。坊さんの話はどこか嘘くさかった」。チャーリーは聖書学園の母体となる東サン・ペドロバプテスト教会の日曜学校にも通った。

「スワンソン女史のキリストの話には心が引かれた」

チャーリーは小学生の頃、疑問に思うことがあった。「よその家はきょうだいがたくさんいるのに、なぜわが家は姉とボクだけなのか」。寂しくて親に訳を聞くと『和歌山のおじいさんとおばあさんのところに四人いる』と言われ、ビックリした」。

中学生の頃、チャーリーはいつも三十人ほど子分を従えていたという。白人たちはターミナル島によく釣りに来た。引っかかった釣り糸を素潜りで外してやるアルバイトを考え付いた。「一回五セントになった。ハンバーガー一個が十セント。二回潜ればありつけた」。

中国人の干し場からアワビを失敬したり、棒の先にチューインガムを付けて大神宮のさい銭箱からお金を盗んだりするのは序の口。車のタイヤを外し、さらにガソリンまで抜き取って売るなど、いたずらはエスカレート。

船が港に帰ると、漁師たちは留守番を残し飲み屋に繰り出す。チャーリーたちは船に潜入、留守番にウイスキー瓶をふるまう。留守番がほろ酔い気分になったところを見計らい冷凍庫からマグロを失敬し、サン・ペドロの市場に売りに行った。

大人たちは最初、子どもたちのいたずらを大目に見ていたが、盗みは犯罪であることをわからせるため警察に突き出し、リーダーのチャーリーは感化院送りとなった。「しっかりお灸をすえられた」。しかし、放免されると島の人たちは温かく迎えたという。

四　ワリザー校長紀南の学校訪問

ワリザー校長は一九三〇年、日本を初めて訪れた。往復渡航費、三か月にわたる滞在費は東サン・ペドロ小の親たちが負担した。日本の自然や伝統文化、紀伊半島の漁村を見聞し教育に生かし、また祖父母の下で暮らすわが子の様子を見てきてほしいという親心からだった。

ワリザーが教師としてターミナル島に赴任したのは一九一八年冬。南加日本人漁業協同組合ホールを間借りした幼稚園を受け持ち、一緒に赴任した女性教師が小学一〜四年生を担任した。いずれも無認可の私塾だったが、翌年公立学校になったことはすでに書いた。

当時、カリフォルニア州など西海岸では日本人への偏見、差別、排日の嵐が吹き荒れていた。日本人が大半のターミナル島は別世界だった。ワリザーは、肌の色や言葉の違いは気に留めず、日本人に理解を示し子どもたちに愛情を注いだ。

しかし、ワリザーがいつも気に留めていたのは家庭の事情で幼稚園や小学校を中断、日本で暮らす教え子たちのことだった。今頃どうしているのだろうか。翼があるなら飛んで行って抱きしめてあげたい。日本訪問はワリザーのかねてからの夢であった。

父母たちもふるさとを見てほしい。ワリザーの夢をかなえることは、親たちの願いの実現でもあった。子どもたちを人として尊び、分け隔てなく接するワリザーへのせめてもの恩返しだった。親たちが米国生まれのわが子を日本の祖父や親戚に預けたのは生活のためだけではない。日本の伝統、風習、礼儀などを身に着け、米社会でも日本人として誇りを失わず強く生きてほしいとの願いがあった。

『サンピドロ同胞發展録』は、東サン・ペドロ父兄会の項で「一九三〇年度の主な事業。公立学校長ミセス・ワリザー先生を日本観光に送る。事業費三千七百四十四ドル五十セント」と記す。当時の家一軒が買える金額だったとされる。

ワリザー校長は二月二十六日、ターミナル島対岸のサン・ペドロ港から日本へ旅立った。大型客船の下で、パナマ帽をかぶった大人たちや東サン・ペドロ小の全児童約四百人がワリザー校長と並んで撮影したセピア色のモノクロ写真が往時の雰囲気を伝える。

ワリザー校長は横浜港に着き、通訳の那須生平関西大学教授と東京、京都などを観光した後、大阪から海路紀南へ。那須教授はカリフォルニア大学を卒業し、一九一八年から二三年六月まで南加日本人漁業組合幹事を務めるなど、ワリザー校長とは旧知の間柄だった。

五月一日夜、ワリザー校長を乗せた那智丸は潮岬を経由し、勝浦港へ向かって波を蹴立てた。船上から見える太地町の白い板壁民家は北米の家並みと似ていた。「地図で見ると和歌山は東京から汽車で往復できると思ったがこんなに広いとは……」と手記に残す。

船は二日午前八時頃、勝浦港に着くと桟橋で勝浦、宇久井の尋常高等小学校児童や町村長、住民約千人が日米両国の小旗を振って出迎えた。十二時間近い船旅にもかかわらず「思いがかない皆に会いに来ることができた」と教え子たちと再会を喜び合った。

紀南の学校を訪問。ターミナル島の教え子らと記念写真に収まるワリザー校長＝1930年5月7日、和歌山県太地町（松岡君代氏所蔵）

最初の訪問先は隣村の宇久井村（現那智勝浦町）の宇久井小学校。新宮鉄道（現JR紀勢本線）で宇久井駅へ。ターミナル島を離れ祖父母の家から通学する児童は多かった。ワリザー校長は教え子たちの頭をなでたり、頬ずりしたり、実に懐かしそうだった。

ワリザー校長は約二十日間かけ、紀南から紀北の村へも足を延ばした。訪問先は尋常小学校、旧制中学校、高等女学校、商業学校、幼稚園など計二十一か所に上った。大阪朝日新聞、大阪毎日新聞は連日、和歌山版でワリザー校長歓迎の記事を掲載した。

五　思い出の記念写真

ワリザー校長が訪問した学校では、その時の記念写真を大切に保管している。日系二世、小磯喜美代は五月七日、太地町の太地尋常高等小でワリザー校長と再会、児童たちと一緒に写真に収まった。四年生のときだった。

「きれいでやさしい先生でした。ターミナル島を出て二年余り経っていたが、私のことを覚えていてくれた。学校では話す時間があまりなく、放課後、先生が泊まる宿へ押しかけた。ターミナル島の友達の様子を聞いて戻りたくなった」

二〇一二年十月二日、新宮市内の老人保健施設で、小磯に会ったときの回想である。「喜美バアちゃんは九十二歳。昨年、せき髄を手術したので体力も記憶も衰えている」と取材をアレンジしてくれた小磯の遠縁にあたる太地町職員、美代《みよ》取久典《どり》の情報だった。不安を覚えたが、杞憂に終わった。

小磯は車いすで面会室に現れた。緊張のためか最初、少し顔がこわばっていたが、五十人の児童が収まった記念写真が載った太地町公民館報を見せると、花束を持った真ん中の女性を「ワリザー先生」と指差しにっこりほほ笑んだ。

写真をじっくり見ると、後列右から四人目の女の子を「これ、私ね」、三列目左から三人目を「秋ちゃん」、最前列右から三人目を「秋ちゃんの妹、月江ちゃん」と次々名前を挙げた。小磯は八十余年前の記憶がよみがえり、少女の顔になっていた。

小磯は一九一九年十二月三十日、ターミナル島で太地町出身の漁師の父、小畑宇吉、母、いつの長女に生まれた。父は出稼ぎのため明治中頃、渡米。鉄道工夫などを経て、一九〇〇年頃、サン・ペドロのホワイトポイントでアワビ漁を始めたパイオニアの一人だ。その後、ターミナル島へ渡った宇吉は漁船を操縦、缶詰工場に魚を卸した。しかし小磯が九歳のとき、父は脳溢血で急逝した。喜美代は母と八歳上の兄、村男に連れられ、父の遺骨を太地町の墓に納めるため帰国した。一家は太地町にとどまった。

秋ちゃんとはターミナル島生まれの雑賀《さいか》秋子。小磯より一歳上で、ワリザー校長と写真に収まったときは太地小五年生のときだった。九歳のときから三歳下の妹月江と太地町の父の実家に預けられていた。

雑賀は一九三二年春に太地小を卒業すると、ターミナル島へ戻った。しかし、いちばん下の弟、守が生まれたその年、父、守平がメキシコ沖に出漁中、事故で亡くなった。マストの滑車が外れて落下、真下にいた守平を直撃したという。

守平も小畑宇吉と同じ頃に渡米した漁師のパイオニアの一人だった。太地人会会長を務めるなど信望が厚かった。翌年ロング・ビーチをマグニチュード六・四の大地震が襲い、母、いつは五人の子どもを連れ郷里、太地町に引き揚げた。

小磯喜美代、雑賀秋子は青年期まで太地町で過ごした。雑賀は小磯の兄、小畑村男と結婚しターミナル島へ。小磯も二人に従った。戦争が運命を分けるが、その話は次章に書く。

子どもたちはワリザー校長との再会を心から喜んだが、彼女自身は「大統領以上だ」と受け止めるほどの歓迎に「なぜそこまで」と戸惑いを覚えたようだ。彼女は手記につづる。

「私は日本人が米国にうまく同化できるよう、米国人教師としての役目を果たしているだけ。父母会や漁業組合

きれいでやさしい先生。ワリザー校長との思い出を語る小磯喜美代さん＝2012年10月2日、新宮市内の老人保健施設

の力を借りないと、ひな人形を飾ったり、こいのぼりを上げたりできない。肌の色や言葉が違っても日本の伝統や文化を尊重するのは当然のことだ」

今回の訪問でワリザー校長は日本人の心根を理解し決意を心に刻んだ。米国で「ジャップ」と蔑まれ、日本では読み書きできないため実年齢より下のクラスに編入された教え子たち。「平等に抱きしめてあげるのが私の責務」。

ワリザー校長はターミナル島に戻ると、東サン・ペドロ小児童たちに今まで以上の愛情を注ぎ教壇にも立った。帰国報告会ではロサンゼルス市周辺の三百校近い学校から校長、教師たちがワリザー校長の熱弁に耳を傾けた。

「日系二世の子どもたちも神から授かった大切な子どもである。米国と日本をつなぐのはこの子たち。憶測や偏見で人を判断、見下してはいけない。われわれ教師に大きな期待が寄せられていることを、今回の日本訪問で実感した。余生を教育にささげたい」

帰国から二年後、ワリザー校長は体調を崩し学校を辞めた。入院生活は長期にわたり、医療費や身の回りの世話は、これまた父母会が買って出た。翌年一月十九日、死去するが、息を引き取るその日まで毎朝、東サン・ペドロ小学校の児童二人が食事を届けた。

ロバート・漁野近夫とタカシ・ヤマモト。二人とも六年生だった。漁野の自叙伝によると、「ある日、図工担当のミス・モートン先生に呼ばれ、食事を載せる器を作るよう指示された。器とは木のお盆のことだった」。

二人は訳を尋ねた。モートン先生はワリザー先生の体調がよくないことを正直に告げると、「あなたたちの笑顔がワリザー先生への何よりの薬。お盆に朝食を載せ、ワリザー先生のベッドまで運んでちょうだい」と二人の手を握った。

漁野とヤマモトは自宅のお盆をまねて新しいお盆を作った。「お盆に朝食を載せ、フェリーに乗りサン・ペドロ市内のキャブリロビーチにある先生のアパートへ行くと、先生はとても喜んでくれた」。しかし、六日後、ワリザー前校長は天国へ旅立った。

ワリザー前校長の葬儀は父母会が取り仕切り、遺骨は彼女の生まれ故郷、カリフォルニア州南部オレンジ郡の墓地に埋葬され、御影石のお墓も建てられた。

碑の表はMILDRED OBARR WALIZER JANUARY 19 1933 DEDICATE BY EAST SAN PEDRO FUKEIKAI、裏面には「ミセス・ワリザー先生の墓　散港父兄会建之」と刻まれている。

ワリザー前校長の死から一年たった一九三四年二月、デビス校長が着任した。前職はロサンゼルスのトーマス・エジソンジュニアハイスクール校長。ワリザー前校長の遺志を継いだデビス校長は三六年、父母会の勧めで日本を訪問し、日本人への理解を深めたという。

ある雑誌に排日記事が載った。日本軍兵士がターミナル島の漁船に乗り込み、米国の軍艦を攻撃する奇想天外な内容だった。デビス校長は雑誌社のマクファーデン主筆に敢然と抗議、新聞に手厳しい反論記事を投稿した。

「日本人がただの一度でも反米運動を起こしたことがあるのか。日本人の子どもと接して二年になるが、どの子も行儀がよく親孝行、教師には従順で成績もよく、米国を自分らの国として愛慕している。無知、無理解のあなたに日本人を批評する資格などない」

東サン・ペドロ小はワリザースクールと改名された。しかしその後、日米が開戦、ワリザー前校長やデビス校長の日米友好への願い、彼女と心を通わせた父母や島民の同じ思いは、校舎と一緒にむなしく打ち砕かれてしまった。

六　ふるさと支援

ターミナル島の日本人は出身地ごとの親睦会をつくり、ふるさとを支援した。寺社、校舎、講堂の修理新築の寄付金、母校への奨学金、映写機やピアノの寄贈、地震、火事、海難事故の見舞い金など多岐にわたり、郷里の発展を願った。

『サンピドロ同胞發展録』によると、一九三〇年代に十組あり、うち七組は和歌山県。太地人会（太地町）、田並郷友会（串本町）、和深村人会（同）、田原村人会（同）、江住村人会（すさみ町）、在米宇久井村人会（那智勝浦町）、日高親友会（美浜町など）と紀南が多い。

和歌山県以外は在米片田村人会（三重県）、静岡県人産業協会と南加蒲原町人会（静岡市）。最古参は一九〇五年発足の田原村人会、後発は一九三一年の日高親友会。あとの五組は一九一〇年代後半から二〇年代初めにかけて生まれた。

親睦会の主な活動はピクニック、冠婚葬祭などの付き合いが中心だが、遠洋航海でロサンゼルス港に立ち寄る日本海軍練習艦隊を歓迎したり、郷里の学校を支援したり、外との関係も重視した。

会員が島民の四分の一を占めた太地人会は太地尋常高等小学校へ奨学資金を提供した。学校では卒業式に各学年の成績最優秀の男女を表彰し「サンピードロ太地人会賞」の賞状に奨学資金で購入した副賞の辞書、そろばん、裁縫箱、アルバムなどを授与した。表彰は一九二三年から始まり日米開戦の前年、四〇年の卒業式が最後となった。

戦後、太地人会は在米太地人系クラブと名を変え、太地小学校創立百周年の一九七五年、百二十世帯が千二百八十ドルのお祝い金を贈った。一世帯三千六百円の高額寄付だった。

田原村出身の谷下清蔵は一九二九年、母校の田原尋常高等小学校へ鐘を贈った。裾の部分は直径約五十センチ、高さ約三十五センチの三角錐で、オハイオ州ヒルズボロウのC. S. Bell Company 社のサインが刻まれている。

谷下は翌年発足する田原村人会の初代会長を務めるなど明治期に渡米したパイオニアの一人。ワリザー校長が田原小を訪問したとき、教え子と一緒に撮影した記念写真を米国で焼き増し、母校へ贈るなど、とても郷土愛の強い人だったと語り伝えられている。

鐘は「大鈴《おおりん》」と呼ばれ村の時報としても親しまれた。戦時中、金属類回収令が出たとき、勤勉の模範、二宮尊徳像は供出されたが大鈴は免れた。大鈴の供出を逃れるため、どのような理由付けをしたのか、あるいは隠したのか、諸説あり興味は尽きない。

「大鈴」は戦争をくぐり抜けた。玄関脇の鐘楼につり下げられ、木造校舎の二階から鐘のハンドルに結わえた紐《ひも》を引っ張り緩める度、きれいな高い音が校舎や裏山にこだまして遠くまで届いた。

鐘を鳴らすのは教師や児童の日課だった。「午後四時になると、ワクワクしながら鐘の紐を引っ張った。夏休みなどは近所の児童が鳴らした。大鈴の音は学校前を走る紀勢本線の蒸気機関車とともに村民の時計代わりだった」。元児童、江崎隆司《えさきたかし》の記憶だ。

江崎は五二年春、田原小に入学、四年生まで過ごした。大学を卒業後、社会科教師になり太地小校長を最後に退職した。大鈴の音にひかれ、日本移民学会会員、那智勝浦町下里在住ながら太地町歴史資料室研究員として移民史研究のフィールドワークを続ける。

大鈴はその後、校舎を鉄筋に改築する際、工事の邪魔になるからと中庭付

郷土出身者から贈られ、戦争をくぐり抜けた鐘。「大鈴」として親しまれ今も時を告げる＝2009年9月

近に移された。筆者が田原小を訪ねた二〇〇九年九月、大鈴は石の台座の上のやぐらにつり下げられ、潮風と雨で赤茶けていた。しかし翌年七月、化粧直し。一日と十五日の正午に時を告げている。

七　帰米二世

「帰米二世」。戦前、日本で教育を受け開戦前に米国に戻った日系二世の代名詞だ。しかし、日本での生活が長かった者ほど文化の壁を乗り越えるのに苦労し、疎外感を感じた。一方、米の建国精神（自由、平等、幸福の追求）への期待が大きいあまり、日米開戦後、米国への忠誠心を問われて失望、人生を変えられてしまった者もいた。

明治後半から米国に渡った日本人の大半は金を稼いで日本に帰り、故郷で安楽な余生を送るのが夢だった。そのためにはどんな仕事もいとわず、朝早く起きて日が暮れるまで働いた。

思い通りにならず気が付けば滞在年数は二桁になる者もいた。安い賃金でもまじめに働く日本人。だが、米国が不況になると、白人による差別、ねたみはひどくなった。一世の男たちは大半が独り者だった。写真結婚によって日本から花嫁を迎え、家族をつくった。

わが子の成長を喜ぶ一方、直面したのは教育だった。故郷に錦を飾れる日はいつかわからないが、その日のため、わが子に日本の教育を受けさせたい。そう思った一世の親は子どもを日本に帰し、実家の両親、きょうだい、親戚などに世話と教育を頼んだ。

しかし、日本から米国への新たな移民（労働力）を禁じた一九二四年の排日移民法は、在米日本人社会を揺さぶった。老後の不安だ。五十の坂を越えた一世は少なくなかった。一九三〇年代になると、帰米奨励運動が起き、日本で暮らすわが子を呼び戻そうとした。

和歌山県では一九三七年度、三九年度、四一年度に海外事業協会が、米国生まれの二世の帰米奨励を実施。ロサンゼルスの和歌山県人第二世帰米奨励会と連携して保証人の選定や旅費の貸し付けなどを斡旋した。

日本の外務省、在米日本領事らは帰米奨励に冷淡だった。二世のなかには少数ではあるが、日本の軍国主義や共産主義に感化された者もおり、それらを含め大挙して米国に戻ったら排日運動家の格好の標的になりかねないなどの危惧があったからだとされる。

そんな訳で日本での帰米奨励運動は今ひとつ盛り上がりに欠けたが、海の向こうの米国の国籍法改正の動きが帰米奨励運動を刺激し、日本で暮らす米国生まれの二世の帰郷を後押しした。

改正の狙いは、敵対勢力と通じた活動家、ナチス、ファシスト、共産主義の信奉者など米社会にそぐわない者の帰化阻止だった。米国に長く住まない「名目的市民」や、外国軍に参加した者の市民権を剥奪するため、現行の市民権喪失の規定を細かく明文化することだった。

その背景にはヨーロッパで戦雲が垂れ込み、米国への忠誠心を求める排外機運の高まりがあった。一九三八年、フランクリン・ルーズベルト大統領は国籍法改正の必要性を連邦議会に書簡で送り、四〇年九月十一日、議員提案による改正法案は下院で可決された。

しかし、上院では「外国の軍隊に入った場合の市民権喪失」が論議の的となった。同盟国にいったん緩急あれば義勇兵として駆け付ける意志のある市民は少なくなかったからだ。法案は「二重国籍を持つ（米国と緊密な関係にある）国家の軍隊に入った場合は市民権は喪失しない」と修正、十一月に可決された。米市民がドイツやイタリアに対抗する英国やカナダなどを堂々と支援できるようになったのだ。

改正国籍法は日本で暮らす米国生まれの二世の市民権とも密接にかかわっていた。日系二世が長期間（六か月以上）、外国（日本）に滞在すると米市民権を失い、また二世の大半は米国と日本の二重国籍であるため、徴兵、志願を問わず日本の軍隊に入れば自動的に米市民権を喪失してしまう。

日本生まれの二世の親たちはいくら願っても、東洋人（黄色人種）を排斥した帰化法が立ちはだかり米市民権を得ることができない。米国で生まれた子どもたちの市民権を何としても守ろうとした。二世たちも親の世代の苦しみや悔しさを肌で感じていた。

日本にいる日系二世たちは改正国籍法が発効する四一年一月十二日までに米国へ戻った。ターミナル島から紀南の学校に通う児童や生徒も先を競うように米国行きの船に乗った。日本は満州事変（一九三一年）以降、世界から孤立を深め、改正国籍法が下院で通過した後、独、伊と軍事同盟を結ぶなど、米英相手に一戦を辞さない空気が蔓延し始めていた。

八　帰米二世　巽幸雄

巽幸雄はターミナル島生まれの帰米二世。父が急逝したため、十三歳のときから四年半、紀伊半島南部の親戚の家で暮らし日本の教育を受けた。この間、二・二六事件や日中戦争が勃発。日本は暗い時代に入っていく頃で、多感な時期の巽は少なからず影響を受けた。

巽は一九二〇年八月、父、幸兵衛と母、ひなの長男に生まれた。産声を上げたのはサン・ペドロ市内の田中産院だった。九州帝国大学（現九州大学）産科・看護科を出た田中津登子が助産婦を務め、日本語が通じるので妊婦は安心だった。

両親は和歌山県東牟婁郡下里村（現那智勝浦町）の出身。幸兵衛について第一章「東サン・ペドロへの道」で記したので詳述は省く。ひなとはお見合い結婚だった。

幸兵衛はターミナル島を日本人の漁村にしたパイオニアの一人。一方でサン・ペドロ日本人会会長、東サン・ペドロ小学校父兄会会長などを務め、先見性に富み、リーダーシップに秀でた人望ある人だった。

紀南の漁村から太平洋を越えて三十年余。幸兵衛はよく働き、五十の坂を越えた頃、長年の苦労が実り、順風満帆だった。しかし、一九三三年十二月二十二日、突然体調を崩し病院に運ばれ、一週間後、息を引き取った。

二〇一五年六月十七日、ロング・ビーチの巽の自宅でのインタビュー。もうすぐ九十五歳の誕生日を迎える巽の記憶は薄れていたが、父が倒れた日のことは鮮明に覚えていた。その日は昭和天皇の長男、明仁親王（現天皇）が生まれた日でもあったからだ。

ロサンゼルス市内に本社がある邦字新聞「羅府新報」と「加州毎日新聞」は「天皇に第一皇子」の大きな見出しが躍る号外を発行した。

ターミナル島ではふだん、両紙とも午後、本社からサン・ペドロまで電車で運ばれ、新聞少年たちが夕方までに配り終えるのが日課だったが、号外だったため、巽ら新聞少年は早朝、呼び出され、いつもより早く各家に届けた。

配達を終え、意気揚々として家に帰ると、母、ひなは半泣きの声で巽を抱き寄せた。「ユキ、大変よ。パパの具合が変なの」。幸兵衛は翌日、サン・ペドロ市内の病院に入院し、六日後に息を引き取った。享年五十一だった。

幸兵衛の最期の言葉は「酒飲むな、お母さん大事にしろ」。「父は付き合いが多く、酒の量は多かった」と巽。葬儀には島民はじめサン・ペドロ、ロング・ビーチ、ロサンゼルス市内からもたくさんの人が参列、早すぎる死を悼んだ。

巽は十三歳、サン・ペドロ中学二年生のときだった。年明け早々、ひなは長男幸雄、次男雅雄（九歳）、三男幸哉（七歳）を伴い、納骨のためサン・ペドロ港から日本行きの客船「秩父丸」に乗った。ハワイを経由して神戸に着くまで二週間ほどかかった。

生まれて初めての日本。一家は神戸から鉄道を乗り継いだ。熊野灘の海岸沿いを走る紀勢中線（現紀勢本線）。車窓からの眺めは実に美しい。右手にどこまでも続く水平線、左手は急峻な山。「吸い込まれていくのではないかと錯覚するほどだった」。

ひなは納骨を済ませると、幸雄と雅雄を下里村に住む姉に預け、幼い幸哉を連れてターミナル島へ帰った。一家の大黒柱を失ったひなにとって幸雄と雅雄を日本に留めるのはやむを得ない選択だった。

米国育ちの巽らは毎日、戸惑うことばかりだった。ターミナル島でも白米を食べていたので抵抗はなかったが、すき焼きはクジラの身が牛肉代わりだったのに驚いた。「弟と顔を見合わせたが、紀南ならではのごちそうだった」。

巽と雅雄は伯母の家から村立下里尋常小学校へ通った。ターミナル島では巽は中学二年生、雅雄は小学三年生だったが、日本語の読み書きができないからと小学五年生と二年生に編入された。

「ターミナル島では日本語学校に通っていたから日常会話に支障はなかったが、授業に付いていけないということで年下のクラスに入れられた。夏休みが明けた二学期から私は六年生、弟は三年生になった」

巽は下里尋常小を卒業すると、新宮市内の県立新宮商業学校へ進学した。

新宮市は古くさかのぼれば熊野信仰の中心地として開け、熊野三山の一つ、熊《くま》野《の》速玉《はやたま》大《たい》社《しゃ》の門前町として発展。明治以降は熊野川河口の舟運を利用した木材集散地として栄えてきた。戦前は旧制の新宮中学校と新宮商業学校（現新翔高校）があった。

旧制中学の卒業生は大学や高等師範学校へ進学、商業学校の卒業生は家業を継ぐか金融関係の仕事に就いた。巽はターミナル島に戻る予定だったので新宮商業学校を選んだ。

授業で苦労したのは漢文と古文だった。校内弁論大会では得意の英語でスピーチ、皆をアッと言わせた。スポーツは好きな野球に熱中し、すぐ野球部のレギュラーになった。将校が生徒に軍国主義をたたき込む学校教練には息苦しさを感じたという。

一九三八年春、巽は新宮商業学校、雅雄は下里小を卒業した。二人は帰国することになり、神戸港から北米航路の客船「龍田丸」に乗った。船内は学校で味わった重苦しさは微塵もなかった。「横浜港で日系二世が大勢乗り込んで来たのには驚いた。危機を察知し日本を脱出するネズミのようだった」。

巽は三等船室で四年半におよんだ紀南の日々を回想した。その一方で体調がすぐれないという母を心配し、早く会いたいとはやる気持ちを抑えることはできなかった。

九　帰米二世　野球チーム「サンペドロ・スキッパーズ」

巽幸雄は約三週間の船旅を終えてターミナル島に戻った。幸い母、ひなは健康を取り戻していた。巽は十八歳、大人の入り口に立っていた。これから米市民として生きていくため、何が必要か自問自答した結果、米教育を学ぼう、とサン・ペドロ高校へ入学した。学校はターミナル島の対岸、サン・ペドロの丘陵地にあった。通学にはフェリーを利用し、ターミナル島の同級生たちといつも一緒だった。この中に将来の伴侶となる二歳下の新谷千恵がいたが、そのことは後に詳述する。

巽は勉強よりスポーツが好きだった。新宮商業学校では教師と生徒、先輩後輩の上下関係は絶対だったが、サン・ペドロ高校は自由、平等、皆のびのびしていた。同級生は年上の巽を「ユキ」と親しみを込めて呼んだ。

「平等だからスポーツに熱中できた」。フットボール、水泳、野球……。白人より身長、体格は劣ったが、運動神経で勝った。負けず嫌い、父親譲りの面倒見の良さも相まってリーダーシップを発揮した。

野球はターミナル島でも盛んだった。巽は日系二世チーム「サンペドロ・スキッパーズ」に迷わず入会した。スキッパーとは船長のこと。漁村の島にふさわしいチーム名だった。チームが誕生したのは一九二四年と古い。メンバーは最初、ターミナル島育ちの純二世たちだったが、日本から帰国した二世たちが加わるようになった。ネッド・植松コーチの下、カリフォルニア州では「ニセイ・ヤンキース」の異名をとっていた。

植松コーチは和歌山県東牟婁郡宇久井村（現那智勝浦町）出身の一世。英語を流暢《りゅうちょう》に話し、ユニオン・オイル社サン・ペドロ港供給所の主任をしていた。燃料を満タンにした漁船の出漁を見届けると、ユニホームに着替えグラウンドに現れた。

投手陣は右腕ユグチ、左腕ツダ。ツダは「Peewee」（ちび）の愛称で呼ばれていたが、抜群のコントロールだった。捕手はサッド・コダマ。巽は二塁を守り、三番か四番を打った。巽より八歳上で三塁を守り、五割を超える強打者がいた。

イチ・ハシモト。ツナ通りで金物漁具・船具商店を営む橋本藪市の長男一次で、弟の光男と父親の実家、和歌山県海草郡東山東村（現和歌山市）の祖父母に預けられ、旧制海草中学（現向陽高校）で野球に熱中した。

インタビューで巽は「新宮商業野球部のとき、和歌山市内での中等学校野球（現高校野球）甲子園予選大会で海草中学のユニホームを着たイチに出会った。甲子園大会にも出場している」と話した。念のため裏を取ってみた。

二〇一六年初夏、向陽高校に手紙で問い合わせると、西岡大修校長から丁重な返事が届き、昭和五（一九三〇）年の旧制海草中学第十一期生の卒業名簿コピーが添えてあった。ロサンゼルス近郊、ガーデナー市在住の橋本一次の名前が載っていた。

橋本は海草中学を卒業後、ターミナル島に戻った。巽はサン・ペドロ小四年生だった。どこでどう巽の記憶が置き換わったのか不明だ。しかしスキッパーズで野球をやり始めたとき、橋本のバッティングに驚き、さすが元海草中学野球部と感心したことは確かだ。

海草中学野球部が甲子園に初出場したのは一九二九（昭和四）年の第六回選抜中等学校（現春の選抜高校）野球大会と第十五回全国中等学校（現夏の全国高校）野球大会。紀和・和歌山代表として春はベスト8まで勝ち進み、5－6で八尾中（大阪代表）に負けた。夏は決勝まで駆け上がったが、0－3で広島商（山陽・広島代表）に敗れ準優勝となった。

橋本はこのときベンチ入りしていたか否か。友人の朝日新聞記者に当時の新聞を調べてもらったが、橋本の名は確認できなかった。西岡校長の手紙にも特段、触れられていなかった。筆者の空振りに終わった。

話を戻す。ターミナル島の北東部に「スッキッパー球場」があった。部員たちが砂地に土を運び整地した。日曜日ごとに試合があり、フレズノ、サクラメントの農園で働く日系人チームがやって来た。「いつも満席で野球を知らないお年寄りも応援してくれた」と巽は話す。

大会当日、「二世行進曲」が球場に流れたという。昭和を代表する作曲家古賀政男の作詞作曲だ。「酒は涙か溜息か」「影を慕いて」などの古賀メロディーとはガラリと異なる軽快なマーチ。『謎の森に棲む古賀政男』(下嶋哲朗著)によると、一九三九年二月頃、古賀が外務省の音楽親善使節としてロサンゼルス近郊の知人宅に滞在していたときに、JACL(日系アメリカ人市民協会)から「白人の偏見に声を潜める二世たちを励ましてほしい」と頼まれ、書き上げたのが「二世行進曲」だった。日系社会は一世から二世の時代に移っていた。

二〇一一年二月、ロサンゼルスの日本語FMラジオ番組で「二世行進曲」が流れた。ターミナルアイランダーズ特集を企画した佐伯和代アナがゲストの巽幸雄を驚かせたいと思って音源を探し出してきたものだった。

カリフォルニア州日系野球チームのチャンピオンになったサンペドロ・スキッパーズ。前列右から3人目が巽幸雄さん＝1941年、(巽幸雄氏所蔵)

歌詞は時代がかったプロパガンダのにおいがした。一番を引用する。

祖国を杳《はるか》　海濤《うみ》越えて
こゝアメリカの大陸に　正義と愛国《あい》に奮《ふる》ひ起《た》つ
日本は生みの親にして　育ての親はアメリカぞ
我等《われら》は尽す親善の　使命に燃ゆる第二世

同書によると、この年四月七、八両日、ロサンゼルスのリトル・トーキョーの大和ホールで発表会が開かれ、古賀が指揮するホリーウッドエコー管弦楽団の伴奏に合わせ、板野雪人、有松由子、二世男性コーラスが、詰めかけた約八百人の観客を前に三番まで歌い上げた。

発表会は大成功。「二世行進曲」は同じく古賀の作詞作曲による「二世娘行進曲」と合わせ現地でレコード化（ＳＰ盤）された。現地の新聞に大きく報道され、発表会に入れなかった人たちはレコードを買い求め、レコード針や盤がすり減るまで聞き入ったという。

二曲とも日本では未発表。「二世行進曲」は「日系二世は日米の懸け橋になれ」と歌い上げたが、ＦＢＩ（連邦捜査局）は「危険な曲」と見なした。「戦争が始まると、みな軍人の写真とレコードを真っ先に処分した」と巽は話す。

四一年、サンペドロ・スキッパーズはカリフォルニア州の日系野球チームのチャンピオンになった。巽たちは日本遠征の褒美を手にしたが、日米関係が悪化、日本では野球は敵国スポーツとされ、日本行きは幻に終わった。

「戦争によってすべて水泡に帰した。あのときの悔しさは今も忘れることはできない」。巽の部屋には家族や思い出の写真の中心に、サンペドロ・スキッパーズの優勝写真が飾られ、ひときわ目を引いた。島民の応援風景は住民総出のかつての学校運動会と似ていた。「Skipper」と黒字で染め抜いた白いTシャツ。長男のメル一郎がインタネットオークションで手に入れたものだ。「父がこよなく愛した野球チームと同じ名前を見つけたとき小躍りした」。息子から尊敬する父への最高のプレゼントになった。

十　純二世　ロバート・漁野近夫

純二世――日本へ行かず、米国で教育を受けた日系二世のことだ。帰米二世と違い頭の上からつま先までバタ臭かった。バタ臭いとは、体臭がバターのにおいがするアメリカナイズされた若者をそう呼んだ。
東サン・ペドロ小学校の元女性校長、ミルドレッド・ワリザーの最期を看取った児童、ロバート・漁野近夫は若い頃、バタ臭い日系二世だった。長兄と妹は日本で勉強した帰米二世。家族が戦前、日本に里帰りするとき、ロバートは同行せず、父祖の地をなぜか踏まなかった。

漁野の先祖は、名字から想像がつくように太地鯨組の「羽指《はさし》」だった。祖父、近太夫は「背美流れ」の生還者の一人で三人の息子がいた。長男の千代松は次男の貫太夫に家督を譲り、一九〇七年、出稼ぎのため渡米した。二十一歳のときだった。

北米シアトルの製材所で十年ほど働いた後、ターミナル島へ移った。シアトルでの蓄え、製材所で会得した機械技術を生かし三十五馬力の漁船を新造。名前から一字取って「千歳丸」と命名した。バン・キャンプ・シーフード社と契約、ビンナガマグロを水揚げした。

この間の一九一五年、朝日新聞社観光団に加わって一時帰国したとき、同郷の海野とよのと見合い結婚し、翌一六年、ターミナル島へ戻った。千代松二十九歳、とよの十八歳のときだった。

漁野夫妻は子宝に恵まれ、長男三千男を筆頭に次男近夫、三男勝美、長女嘉千代、次女美須子、三女千鶴代の六人を授かった。一九二四年、家族で里帰りしたとき、三千男と嘉千代を祖父母に預けた。三千男は新宮商業学校、嘉千代は太地尋常高等小学校の卒業を待ってターミナル島に戻った。

ロバート・近夫が生まれたのは一九一九年四月二十一日。

パリで第一次大戦の講和会議が開かれ、ベルサイユ条約を締結、英仏主導のベルサイユ体制ができあがった年だ。日本は山東半島、南洋諸島のドイツ権益を手に入れ、欧米列強に肩を並べた。

日本は講和会議でカリフォルニア州での排日問題を取り上げ、国際連盟規約の前文に人種差別撤廃を盛り込むよう提案したが、議長のウィルソン米大統領は「全会一致を要する」と退けた。

米国は南洋諸島のドイツ海軍基地が日本の根拠地となることに警戒心を抱き、日本の領土拡張の野望は西海岸での排日運動の火に油を注ぐ結果となった。日本からの移民に終止符を打つ一九二四年の排日移民法制定につながっていった。

ロバートは幼い頃から学業に秀でていた。ターミナル島の二世の多くはサン・ペドロ高校を卒業すると、男は漁船に乗り、女は缶詰工場で働いた。ロバートは違った。一九三八年、サン・ペドロ高校からロサンゼルスのコンプトン短大へ進学した。

一年後、カリフォルニア大学バークレー校へ。ここも一年で見切りをつけ一九四一年、東部ペンシルベニア州南東部、フィラデルフィアの州立テンプル大学歯学部に入学し、歯科医となった。

テンプル大学への進学はロバートの運命を変えた。入学した年末、日本のハワイ・真珠湾攻撃で日米は開戦。翌年二月、家族はターミナル島を追われ、マンザナー日系人強制収容所へ送られるが、ロバートは西海岸から遠く離れた東部にいたので収容を免れた。

ロバートが初めて日本を訪れたのは戦後。日本が戦争に負けてＧＨＱ（連合国軍総司令部）の占領下にあった頃。歯科軍医として横須賀に駐留する米陸軍の病院に赴任するためだった。

ロバートはバタ臭い純二世として生きたが、心根はどうだったのか。二〇一六年七月一日、太地町教育委員会事務局で漁野文俊次長に話を聞いた。

漁野の家は近太夫の次男、貫太夫が長兄、千代松に代わって家督を継いだ本家。漁野の祖母、智嘉子とロバートはいとこの間柄。一九九八年、漁野が新婚旅行でロサンゼルスを訪れ、ロバートに会ったときのことだ。

ロバートはロサンゼルス市内を観光案内した後、漁野夫妻をターミナル島が眺望できるサン・ペドロの丘に連れて行った。当時、ターミナル島は米海軍の管理下にあり一般人の立ち入りは禁じられていた。二十九歳の漁野に何かを託すようにこう言った。

「フミトシ、よく見ておけ。あれがターミナル島だ。幸せを求め太地町から海を渡って来た父と母が一生懸命働き、われら六人の子どもを育ててくれた。アメリカの漁野家のふるさとだよ」

漁野は思った。ロバートは見るからにアメリカナイズされた日系人だったが、心根は古き良き日本人そのものだと。「最後まで日本国籍を抜かなかったことでもわかるように、日本人であること、ターミナル島出身者であることに誇りを持っていた」。

十一　純二世　藤内稔その１

藤内稔《とうないみのる》、八十六歳。ターミナルアイランダーズ三代目会長。二〇一五年六月十八日、トヨタの高級車ＳＵＶを運転して、筆者の宿泊先、ニューガーデナホテルに現れた。ワインカラーのネクタイ、グレーのジャケット、メタルフレームの眼鏡、白いラウンドひげがよく似合う。いきさつに触れておく。

藤内に取材を申し込んだのは二月。太地町歴史資料室学芸員の櫻井敬人の仲介だった。六月、返答がないままターミナルアイランダーズのピクニックや関係者の取材にロサンゼルスへ。現地のフリーアナ佐伯和代の大車輪で藤内へのインタビュー取材は実現した。

帰国後、藤内から返事がなかった理由が判明した。「取材を承諾しておられたが、藤内さんのパソコンは英語使用なので日本語で返事ができなかった」と佐伯のｅメールに藤内のおわびが添えられていた。恐縮するとともに感謝の気持ちでいっぱいになった。

インタビューを始める前、藤内は「知っている限りのことは話します。何でも聞いてください」と、家族のことから語り始めた。

ターミナル島出身の藤内は一九二九年二月六日、父、源五郎と母、とよねの次男に生まれた。すでに兄や姉がいた。七歳上の瑞葉（長女）を頭に五歳上の一郎（長男）、二歳上の瑠美（次女）、そして本人。二年後には弟の豊（三男）が生まれる。

源五郎はこの頃、ロサンゼルス近郊有数の食料品店経営者になっていた。一九二六年からウィルミントンで第一号店を開き、日系人農家の新鮮な野菜や果物を仕入れて販売した。とよねは主に事務を担当、その後三年余りで十二号店まで広げていた。

源五郎の商才は生家や教育に由来する。一八八七年、和歌山県西牟婁郡江住村（現すさみ町）で魚卸業者の長男に生まれた。六人きょうだいの嫡男として兵庫県立神戸商業学校（現神戸商業高校）に学んだ。

福沢諭吉が創立に関わった神戸商業講習所を前身とする日本で最初の商業学校だった。源五郎は国際都市で勉学に励んだが、家業を継がず、一九〇七年、北米ワシントン州ベリンハムでカフェを営む妹夫婦の元へ。

ベリンハムは州都シアトルから北に約百四十キロ、カナダ・バンクーバーとの中間に位置する太平洋岸の風光明媚《めいび》な町で、日本人移民が多かった。

異国の暮らしに慣れた一九一二年、「チチキトク」の電報が届いた。死に目に会えなかったが、葬儀には参列できた。滞在中に召集され、陸軍砲兵として三年半、台湾に駐屯した。

復員すると江住村の女性と結婚、ベリンハムへ。子どもが生まれたが、母子共すぐ亡くなった。源五郎の落胆ぶりは大きかったが、転機が訪れた。義兄がカフェに見切りをつけ漁船を買った。行く先はターミナル島だった。源五郎は一緒に付いて行き漁師になった。

一九二一年、三十四歳の源五郎に再婚話が舞い込んだ。相手は大坪とよね、二十一歳。和歌山県新宮市内の女学校の教師だった。とよねの父親は新宮市内の小学校校長を務め、源五郎の姉の夫も教師だったことからとよねとの縁談が持ち上がった。

とよねは一九〇〇年、三重県南部の南牟婁郡尾呂志村（現御浜町）で三人姉妹の長女に生まれた。新宮女学校、亀山女子師範を卒業後、教師になり、三重県、和歌山県内の学校に勤めた。

源五郎は帰国して式を挙げ、とよねを連れてターミナル島へ戻った。漁師より商売が向いている源五郎はその後、仲間と食料品店を始め、順調な売り上げで経営を拡大していった。

一九三三年師走。江住の生家から「母危篤」の電報が届いた。源五郎はかつて父の死に目に会えなかった後悔が脳裏をよぎった。年明け早々、妻と五人の子どもを連れ客船「龍田丸」で日本に向かった。

横浜港で出迎えたのは母だった。わが子を呼び戻そうと打った芝居。二十二年ぶりの再会を喜び合った母子だったが、源五郎一家の運命を分ける序章となった。

米国に帰る矢先、東京に住むとよねの母が盲腸を手術。回復に時間がかかり、とよねは三歳の豊をおんぶして母を介護した。米国生まれでも日本国籍のある十一歳の長女瑞葉と九歳の長男一郎は東京の小学校に通うことになった。

源五郎は六歳の次女瑠美と四歳の次男稔を連れて南紀・江住村の実家に身を寄せ、ひとまず瑠美を江住尋常小学校に入学させた。日本滞在は八か月間に及び、一家は米国に戻ることになった。一九三四年九月のことだった。

米国の学校は新学期だった。源五郎、とよねは決断した。東京の学校で友達と仲良く暮らす瑞葉と一郎を連れて帰るのは忍びなかった。せっかくの機会。日本の教育を受けさせよう、と二人を引き続き義母に預けた。

源五郎はとよね、瑠美、稔、豊を連れターミナル島に戻った。「姉も私も封建的な漁村の暮らしが肌に合わず、姉は男尊女卑に泣いていた。米国に帰ってホッとした」と藤内は回顧する。

十二　純二世　藤内稔その2

一九三四年九月、ターミナル島に戻った藤内一家。次女瑠美はワリザー小学校、次男稔は付属幼稚園に入り、源五郎、とよねは食料品店の経営に専念した。日本から戻って二年目のある日、とよねは学校から呼ばれた。

校長は教育熱心なとよねに言った。「子どもの将来を考え、ターミナル島を出なさい」。とよねは住まいをサン・ペドロへ移した。瑠美は市内の小学校（15th Street Elementary School）に転校。稔はターミナル島の伯父の家に留まり、ワリザー小学校へ入学した。

伯父は父の姉の夫。漁船のオーナーで大きな一軒家に住んでいた。子どもがいなかったため稔を後継者にしたかったという。稔は家族と離れて暮らす寂しさに負け、姉と同じ小学校の二年生に転校した。

しかし言葉の壁にぶつかった。稔は英語で読書感想文をクラスのみんなの前で感情込めて発表した。「全員、キョトンとした顔をしていた。ターミナルなまりの英語を誰も理解できなかったからだ」と藤内は苦笑する。

ターミナル島の日系一世の英語は日本語と英語がちゃんぽん。それに荒っぽい漁師言葉、和歌山弁が加わるからネイティブな英語からほど遠い。「あなた」「私」を「You ら」「Me ら」、「肌着」を「underwear」といわず「under もの」といった調子だった。

「母が担任の先生に呼び出され、『ミノルの英語力で勉強を続けるのは難しい』といわれた」。成績はよくても、ターミナル英語がネックとなって落第した。一年生からやり直すことになった。

「あのときは悔しかった。しかし落ち込まず、二年かけて元のクラスにカムバックした。土曜日になると父の車でコンプトンの町にある日本語補習学校へ通い、日本語を勉強した。日本語を忘れるなという、父母の強い意思だったと思う」

五年生のときクラスのトップになった。成績優秀者が集まる市内のLeland Street小学校に転校、特別クラスに席を置いた。その頃、剣道を始め、道場へ通った。野球、バスケットボールにも夢中になった。

一九四一年九月、サンペドロの中学校（Dana Jr. High School）へ入学した。「ターミナル島の同級生たちがフェリーで通ってきた。港から学校までバスが出ていたが、往復のバス代五セントを小遣いにしようと、みな歩いた」

勉強とスポーツに明け暮れる十月のある日、異変に気付いた。「自宅の裏からへたくそな日本語が聞こえて来た。白人の二人組だった。日本に住んだ経験のある宣教師の子どもがFBI係官の英語を日本語に通訳する声で、日系人家族の調査だった」

この頃、日米は激しい応酬を繰り返し、のっぴきならない状況に陥っていた。日本が七月、オランダ領東インド（現インドネシア）の石油資源を狙って南部仏印（現ベトナム・サイゴン）に進駐。フィリピンの米軍基地、英国の極東根拠地英領マレー（現シンガポール）を虎視眈々と伺うことになる。

米国は八月、在米日本資産を凍結、日本への石油類輸出を禁じた。九月、日本は御前会議で米国との開戦も辞さず、十月下旬をめどに戦争の準備を完了させるとした「帝国国策遂行要領」を採択した。

日米開戦が現実味を帯びてきた。しかし交渉継続を望む近衛文麿首相は即時開戦を要求する陸軍と衝突し、十月に内閣を総辞職した。首相に就いたのは陸軍大臣東條英機だった。米国は十一月二十六日、ハル・ノートを提示した。

ハル・ノートは「中国大陸・仏印からの全面撤兵」「日独伊三国同盟の否認」など、軍部が実権を握る日本がのめる要求は一つもなく、米国の最後通牒だった。日本海軍の機動部隊は真珠湾攻撃のため同日、ハワイに向け千島列島南部、択捉島の単冠湾をひそかに出港した。

開戦まで秒読み段階に入っていた。「ＦＢＩが家の周りをうろうろしていたが、中学一年生の私に逼迫感はなかった。父もそうだった」。

第四章　太平洋戦争

一　真珠湾攻撃

その日、チャーリー・浜崎は自宅にいた。イワシ漁のシーズンだったが、船のエンジンの調子が悪く足止めをくらい、ラジオから流れる軽音楽を聴きながら網を修理していた。突然、臨時ニュースに切り替わった。「ホワイトハウスは日本が真珠湾を攻撃したと発表しました。ジョークではありません。戦争です」と、アナウンサーが何度も繰り返した。

中学一年生の藤内稔はサン・ペドロ市内の自宅にいた。「いとこから日米開戦の連絡があった。ラジオを入れると、日本の飛行機が真珠湾を攻撃、米兵が大勢死んだとアナウンサーが叫んでいた。父は『間違いだ。攻撃したのは日本ではない。ドイツだ』と言い張った」。

「真珠湾ってどこにあるのか、わからなかった」。浜崎も藤内も初め、わが耳を疑った。何か重大なことが起きたようだが、日本と米国の間で戦争が始まったと理解できるまでしばらく時間が必要だった。

一九四一年十二月八日未明（ハワイ現地時間七日朝）、日本海軍の機動部隊がハワイ・真珠湾を奇襲した。トラ・トラ・トラ（我奇襲に成功せり）。全軍突撃命令から三分後、真珠湾攻撃総指揮官の淵田三津雄（海軍中佐）は旗艦赤城への打電を部下に命じた。

真珠湾は対日戦に備え、米太平洋艦隊が司令部を置く根拠地であった。淵田は三百五十機の航空機を率いて湾内に停泊中の米艦船を攻撃し、アリゾナなど主力戦艦四隻を沈めた。乗組員など二千四百人を超える戦死者を出すなど、艦隊は壊滅的な打撃を受けた。

真珠湾攻撃の一報はただちに、フランクリン・ルーズベルト米大統領のもとに届けられた。米東部時間の翌八日正午すぎ、大統領は連邦議会に日本への宣戦布告を要請し、サインした。

真珠湾攻撃の直前、日本軍は英植民地、マレー半島への上陸作戦を開始した。日本の国民が開戦を知ったのは大本営発表をそのまま流すＮＨＫラジオからだった。「帝国海軍は今八日未明、西太平洋において米英軍と戦闘状態に入れり」――

「日本軍の卑劣なだまし討ちだ」。米世論は怒りで沸き立った。カリフォルニア州では「日本軍はハワイに続いて西海岸に上陸してくる。日系人はその手引きをしている」などと、根も葉もないデマが飛び交ったという。

「ドアを開けろ」。十二月七日、浜崎の家のドアを何度もたたく音と怒号が聞こえた。屈強な男たちが玄関前に立っていた。「ＦＢＩだ。父親は居るか」。「英語ができるお前も一緒に来い」。チャーリーは父、太平とターミナル島の移民局へ連行された。

移民として米国に来た日本人のうち、日本人会や出身地の親睦会、日本語学校、宗教団体、邦字新聞の指導的地位にいる人、右翼の武徳会、海軍協会などの幹部を、ＦＢＩは危険人物としてマークしていた。

太平は漁師を引退していたが、和歌山県田原人会の老幹部だった。FBIはターミナル島を駐米日本大使館職員（武官）らの対米諜報活動の拠点、日本人漁師たちを協力者と見ていた。太平も協力者の一人としてFBIのブラックリストに載っていた。

ターミナル島南のロサンゼルス港。一九〇七年に開港、二十世紀前半には木材の荷卸し、缶詰工場、造船などに携わる労働者、出港を待つ乗組員が行き交い、周辺には商業地ができあがっていた。貿易港であるが、米太平洋艦隊の根拠地でもあった。

開戦前のある日、日本人駐在武官は米太平洋艦隊がロサンゼルスの南西約八十キロ沖合でパレードを計画している情報をつかんだ。現場は八つの島からなるチャンネル諸島のサンクレメンテ島の北の海域である。

カリフォルニア寒流の通り道で、南向きの風（北風）が吹くと、表層海水が沖に向かって移動。少なくなった海水を補うように深層水がわき上がり、植物プランクトンが増殖する。それを食べるイワシなどが集まる好漁場だった。

艦隊近くにイワシ漁船がいても怪しまれない。武官は漁師にふんし、ターミナル島の漁師の船に乗り込んだ。パレードを堂々と観戦し、艦隊の陣形、空母から発着する飛行機の間隔、主砲と副砲の射撃、航行序列などをつぶさに観察したという。

開戦まで首都ワシントンで諜報活動に携わった元海軍武官補佐官の実松譲が戦後出版した『日米情報戦』に記している実話だ。また日本人が経営する旅館に傍聴アンテナを張り、米艦隊が射撃時に使用する電波を傍受し、米海軍の射撃要領や精度を知ったとも記す。

日本人武官の諜報活動など漁師たちは知る由もなかった。チャーリーは移民局での事情聴取で、初めてその事実を知った。漁師たちは日焼けしていない、落ち着かない野郎がいたくらいの認識しかなかった。

チャーリーと太平、船を所有する漁師たちはスパイの嫌疑不十分で放免された。「ボクは一世だが年が若いせいか二世と間違えられた。英語ができるから英語を話せない父や一世たちの通訳をさせられた」。しかし、ＦＢＩが拘束した日系人は開戦初日に、米本土で七百余人を数え、四日目の十二月十日には、ハワイを含めて約千三百人に膨れ上がった。いずれもビットビル米司法省が発表した数字だ。

藤内によると、父、源五郎も拘束された一人。十二月七日夜、サン・ペドロの自宅ベルが鳴り、ドアを開けると、ＦＢＩ係官がいた。「父は覚悟していたのか連行に応じた。洋服に着替え、コートをはおり、帽子をかぶった後姿が今でも目に焼き付いている」と藤内は振り返る。「父は南カリフォルニア野菜組合副会長、南カリフォルニア和歌山県人会副会長、ターミナル島剣道連盟役員、南カリフォルニア江住村人会会計などを務め信望が厚かった。しかも親米派だった。しかし、日本で召集され台湾に駐屯した軍歴が引っかかった」と、藤内は推測する。

源五郎は一九四四年まで司法省管轄のミズーラ収容所（モンタナ州）、フォート・シル市民隔離収容所（オクラホマ州）に抑留された。「父は米国に裏切られた無念さがあったに違いない。日米交換船で帰ろう、と家族に手紙を書いて来たが、子どもの反対で断念した」

開戦翌年の一九四二年六月、ジュネーブ条約に基づき敵性外国人を交換する第一次日米交換船が計画された。日米双方が客船を出し、中立国のポルトガル領東アフリカのロレンソ・マルケス港で乗客を交換し自国に戻る、約二か月に及ぶ歴史的な航海であった。

話をターミナル島に戻す。開戦翌日からターミナル島では米海軍から出漁が禁じられた。チャーリーは漁師になってまだ三か月しか経っていなかったが、六百ドルの月給をもらっていた。

「漁師は気性が荒く、サンペドロの街では『魚臭い』と厄介者扱いされ、危険な仕事でなり手の少ない消防署員にも雇ってもらえなかった。仕方なく漁師になった。一か月のうち三週間は海の上。あとの一週間は満月で漁ができず、もっぱら網の修理が仕事だった」

「缶詰工場での母の日給は三ドル。二十日働いてもたったの六十ドル。当時は八百ドルで乗用車が買え、二千三百ドルで家が建った。漁師は高給取りだった。初給料でおふくろに冷蔵庫とオーブンを買ってやったら、飛び上がらんばかりに喜んだ」

開戦後、日本軍は東南アジアで快進撃を続けていた。米政府は「リメンバー・パールハーバー」（真珠湾を忘れるな）と、国民を戦場へ動員しようとしていた。漁業ができなくなったターミナル島の島民たちは不安な毎日を送っていた。

二　ターミナル島を急襲

日米開戦から二か月余りすぎた一九四二年二月二日未明、ＦＢＩ係官と警察官約百七十人がターミナル島を一斉捜索した、スパイ容疑で日本人漁師（日系一世）三百三十六人を逮捕し、証拠品としてカメラ、双眼鏡、漁船の無線機などを押収した。

チャーリー・浜崎も逮捕者に含まれていた。真珠湾攻撃のときは一世たちの通訳をさせられたが、今回は違った。茫然とするチャーリーに係官は言った。「服に着替えろ！」。父、太平とサン・ペドロの移民局へ連行されると、三百人ほどの日本人男性がいた。皆、一世だった。「パールハーバー・アタック（真珠湾攻撃）のときと違い、最初からスパイ容疑者だった。ボクのライセンス（商業用漁業許可証）の国籍覧に日本生まれ（日本）と書いてあったから一世であることがバレ、逮捕状が出ていた」

三十年前、組合員約二百人でスタートした南カリフォルニア日本人漁業組合はこの頃、約六百人になっていた。漁船数九十隻。大型漁船（五百馬力）はマグロやカツオを追ってメキシコ沿海からチリやペルー沖までに出漁していた。

同組合は結成以来、毎年のようにカリフォルニア州議会に提出される排日漁業法案を阻止するための議会ロビー活動や運動費として莫大な資金を出してきた。そのかいあって、組合員や家族は排日の嵐にさらされることは多くなかった。

しかし、真珠湾攻撃で火ぶたを切った日米の戦い。「日本のだまし討ち」との世論を背景に、ＦＢＩは諜報員が暗躍するターミナル島から日本人を追い出す絶好のチャンスと見たに違いない。「ＦＢＩは本気だった」とチャーリーは話す。

日本人漁師はラジオの短波放送で日本軍の指示を受信。米艦隊の動きを無線で日本海軍に知らせていた――。そう疑うＦＢＩ係官たちは漁具の竹ざおも押収した。「係官に訳を聞くと『受信アンテナだ』と言うので吹き出してしまった」。

取り調べは四日間続いた。「スパイと言われても反米的な漁師はおらず、全く身に覚えのないことばかり。答えは全員『ノー』だった。係官の尋問は執拗だった。われわれの身元についてよく調べていたのには驚いた」。

米市民権のない一世たちは司法省が管轄するノースダコタ州のビスマーク抑留所へ送られた。在留外国人の本国と戦争になったとき、その在留外国人を拘束、強制退去させる「敵性外国人法」（一七九八年制定）に基づく措置だった。

護送は鉄道を使って行われた。チャーリーらを乗せた数両の列車はロサンゼルス駅を出発、太平洋岸を北上した。カリフォルニア州ベーカーズフィールド、フレズノ、サクラメントから州を越え、オレゴン州ポートランド、ワシントン州タコマを経てシアトルから東へ向かった。ライフル銃を構えた憲兵が一両に二人ずつ配置され、目を光らせた。ブラインドは降ろされ停車駅ごとに日本人が乗り込んで来た。「どこへ向かっているのかわからなかったが、車内はだんだん寒くなっていった」。

ビスマークに着くと雪が積もっていた。カナダ国境に近く、温暖な西海岸とは全く違った。ターミナル島の漁師は暖かい気候の紀伊半島南部の出身者が多く、雪を見るのは初めてだった。

州都ビスマークはドイツ宰相ビスマルクにちなんだ地名で、ドイツ系移民の多い町だ。収容所には元兵営（バラック）を充て、冬は氷点下十五度ぐらいまで下がるので二十五棟のバラックの窓はすべて二重窓になっていた。兵舎と違うのは有刺鉄線で囲まれていることだ。元兵舎は大部屋ごとに二段ベッドが完備、三十〜四十人が一緒に寝起きした。日系人のほかにドイツ人も大勢収容されていた。日系人たちには捕虜を人道的に取り扱うジュネーブ条約が適用され、捕虜に準ずる待遇を受けた。

ドイツ人収容者には米市民権のない敵性外国人はおらず、ヨーロッパ戦線で連合軍の捕虜となった兵士たちだった。「ドイツ兵はジュネーブ条約の中身をよく知っており、敵陣の中にあっても捕虜の権利は堂々と主張した。彼らと野球やサッカーの交流試合を楽しんだ」。

「最初、食事の量やまずさに閉口した。日本人はぶつぶつ言うだけで改善を要求しない。そもそもジュネーブ条約を知らなかった。（連合国への日本の利益代表を務める）スペイン大使館からの申し入れで量は増え、日本人の口に近い味付けになった」

「収容所の食事はうまかった。ミートローフなどの肉料理が出た。ターミナル島では毎日、魚ばかり。おかげで健康で長生きさせてもらったから感謝しないといかん」。チャーリーは当時の収容所生活を振り返り、左腕を折り曲げ自慢の力こぶを見せた。

しかし日系人収容者の年長者は何かにつけ悲観的だった。

「おれたちはもうすぐ銃殺される。死ぬ前に腹いっぱいうまい物食わせてやろうというお情けだと、フォークを付けない一世がいた」

若いチャーリーらは励まし諭した。

「米国はデモクラシー（民主主義）の国だ。銃殺はしない。安心して食べたらいい」

年長者たちは口をそろえて浜崎らをののしった。

「デモクラシーなんぞくそ食らえ」

その度にチャーリーは自問自答した。

「ハイスクール（サン・ペドロ高校）でアメリカンデモクラシーは建国精神の根幹だと教わった。デモクラシーを大切にする国家が日系人を拘束するのは絶対間違っている」

このときの思いはチャーリーが戦時下を生き抜く心の支えとなった。戦後、米国内で日系人強制収容に対し政府の謝罪と補償を求めるリドレス運動が起き、連邦議会が調査委員会を立ち上げる。その際、浜崎は公聴会で証人席に座る。それについては後で詳述する。

日系人の取り調べはなかなか始まらなかった。運動の時間、グラウンドでドイツ兵捕虜と野球やサッカーの試合をしているときも皆気はそぞろ。「いつまで拘留されるのか不安で仕方がなかった」。

かなり経ってようやく取り調べが始まった。ワシントンＤＣの弁護士に日本語ができる朝鮮人が通訳に就いた。「通訳の日本語はお粗末だった。それに日本人への恨みがあるのか、証言とは真逆の英語に訳した。英語のわかる一世は『いいかげんな訳をするな』と怒った」。チャーリーの出番が回って来た。ほかに谷順次、倉本恒夫が選ばれた。三人はサン・ペドロ高校を卒業して間もない最年少の日系一世。英語は流暢だった。「ボクらの英語の方がよく通じ、調べは一気に進み、皆スパイ容疑は晴れた」。

当局はターミナル島の日系一世拘留者を「模範敵性外国人」と見なし出所許可を早めた。ただし無罪放免ではなく家族がいる日系人強制収容所へ送られた。

三　強制退去

ターミナル島の強制捜査の次は強制退去だった。一九四二年二月二十五日、島民は四十八時間以内に島から出て行くよう命じられた。一家の大黒柱をＦＢＩに連れて行かれ不安な家族たち。頼れるのはサン・ペドロやロサンゼルスの日系人たちだった。

命令したのは米海軍だった。ターミナル島は二週間前の十一日、米海軍の管轄下におかれた。日系人が住む東サン・ペドロとロサンゼルス港の米海軍基地は目と鼻の先。軍事機密を守ることを名目に他の地域より早く島民の排除にかかった。

フランクリン・ルーズベルト大統領は二月十九日に「大統領令９０６６号」にサインした。陸軍長官、あるいは同長官の任命する司令官に軍事地域を設定する権限と、必要なら人々を立ち退かせる権限を与えるものだった。日系人を対象としているのは明らかだった。大統領令とは大統領が直接、政府機関や軍に発する行政命令である。連邦議会は内容を覆したり修正したりする法律を制定。また憲法違反の場合、最高裁は無効とすることもできるが、連邦議会、最高裁とも容認したため、「大統領令９０６６号」は日系人の強制収容に道を開いた。

ヘンリー・スティムソン陸軍長官は二十日、太平洋岸各州を管轄する西部防衛司令部のジョン・デウィット長官に権限を与えた。デウィット長官は「ジャップはジャップ」と日系人の立ち退きをスティムソン陸軍長官に提案した筋金いりの偏狭ナショナリストだった。

政府の日系人立ち退き政策が正しいか否かを調査する議会の委員会（委員長、ジョン・トーランカリフォルニア州選出下院議員）の公聴会が二十一日から約一か月間、サンフランシスコなど各地で開かれた。政府を支持する声が多数を占め、反対の少数の声はかき消された。

もともと反日感情の根強い米西海岸の世論は真珠湾攻撃に激高した。破竹の勢いで東南アジアへ侵攻する日本軍について新聞やラジオが報道すると、日本への敵対心は否が応でも高まり、怒りの矛先は身近な日系人に向いた。

日本軍は香港、フィリピンなどに攻め込み、石油やゴムなど天然資源が豊富なオランダ領東インド（現インドネシア）の占領をめざした。そこに至る英植民地を攻略、四二年二月十五日、英連邦軍の根拠地、シンガポールを陥落した。

日本軍は西海岸に上陸してくるのではないか――。政治家、労働組合指導者、在郷軍人会などは日系人の強制収容を平気で口にするようになった。「大統領令９０６６号」は米政治史に汚点を残すことになるが、この頃の世論は「真珠湾を忘れるな」と内向きだった。ターミナル島民は西海岸で最初に立ち退きを受けた。猶予わずか二日間。足元を見た白人のハゲタカ商人が島に殺到し、家具、調度品を買いたたいた。元値五十～二百ドルの家具、冷蔵庫を四、五ドルで持ち去った。

日系二世、巽幸雄はＦＢＩの連行を免れたが、悲嘆にくれる余裕などなかった。父亡き後、長男として母と二人の弟を養う義務を背負っていた。「新品のタイプライターを五ドルで処分した」。巽と家族は着の身着のままでサン・ペドロの知り合いに身を寄せた。巽ら兄弟を取り上げた田中津登子の産院だった。「スパイと疑われないよう、父が飾っていた（和歌山県出身、日米開戦まで駐米大使を務めた）野村吉三郎海軍大将の写真を焼却して島を出た」。

写真を焼き捨てた島民はほかにもたくさんいた。小畑《こばた》秋子の証言。「日本で出征した親友の写真を夫（村男）は額に入れて手元に置いていた。夫がＦＢＩに連れて行かれた後、真っ先に処分した」

秋子、二十三歳。日系一世の村男と結婚して三年目。子どもはいなかった。村男はノースダコタ州ビスマークの収容所にいた。「行く先がなく太地町出身の人の仲介で妹の月江とロサンゼルス近郊のハートフォードの綿花栽培農家にお世話になった」。

島民たちはボストンバッグやトランクに衣類、日用品を詰められるだけ詰め、ターミナル島を去った。このあと、缶詰工場の社宅や商店、学校、幼稚園などすべての建物が取り壊された。重機は跡形もなく日系人のふるさとを踏み潰した。

三月二日、デウィット長官はカリフォルニア州の西半分、オレゴン、ワシントン、アリゾナ州の南半分を第一軍事地域に指定した。二十九日までと期限を定め、自由立ち退きを促した。約一万人の日系人がコロラド州、ユタ州などへ移った。

ユタ州では招かれざる客だったが、コロラド州は違った。このことは後で詳述する。

四　集合センター

ターミナル島を追い出された日系人たちはそれぞれの転居先で、日系人排斥のポスターをよく目にした。「町から出て行け」「入店お断り」など悪意に満ち、新聞には「ジャップ」の活字が躍っていた。いずれどこかへ連れて行かれるかもしれない。不安は的中する。

西海岸の軍事地域から日系人を立ち退かせる準備は着々と進んでいた。一九四二年三月になると、米政府は立ち退きを指揮する戦時民間管理本部（War Civil Agency）、立ち退き者の住む所を建設、管理する戦時転住局（War Relocation Authority）を矢継ぎ早に立ち上げた。

米政府は日系人の住む所を「転住所」（Relocation Center）と呼んだが、日系人たちは強制収容所（Concentration Camp）と呼んだ。戦時中、日本人の血を引くすべての人々の集団隔離を推進した政治家、軍人らの人種差別は否定し難く、筆者は日系人たちの呼称を使う。

三月下旬、西部防衛司令部はデウィット長官名ですべての日系人に午後八時から午前六時までの外出禁止令と居住地から五マイル以内の旅行制限を通告した。それは戒厳令に等しい措置だった。これで準備は整い、次は軍事地域のカリフォルニア、ワシントン、オレゴン三州、アリゾナ州の一部に住む日系人の強制排除だった。軍事地域指定後、内陸部に自主退去した約一万人を除く約十一万人が対象に上った。日系人は州の戦時民間管理本部事務所に出頭し、名簿の登録を義務付けられた。そこで家族一人一人の番号と身分証明書を受け取ると、一週間の猶予の後、仮収容所となる集合センター（Assembly Center）に集められた。

一週間は住居や家具、所持品などを処分する時間だった。許された荷物はトランク二個分だった。家は空き家にするしかなく、持って行けない家具などは足元を見た白人らに二束三文で買いたたかれた。

集合センターは内陸部に建設中の強制収容所が完成するまでカリフォルニア州など合計十六か所に設けられた。競馬場厩舎や屋外展示場などを急いで改造した部屋、共同シャワー室は悪臭が漂い、トイレはプライバシーのかけらもなかった。

四月下旬、サンペドロの藤内家に戦時民間管理本部事務所から呼び出しがあった。FBIに連行された父親に代わって中学一年生の藤内稔が出向き、母親、とよね、姉、瑠美、弟、豊の番号、身分証明書を受け取った。

『しっかりしなきゃ』と自分を奮い立たせ、家族の荷造りなどすべて行った。自宅や家財道具の処分は母が行ったが、白人商人たちは日本人の女と見下し、母は家族の思い出が詰まった調度品や食器を泣き寝入り同然の値段で手放した」

五月四日、一家を乗せた軍用バスが着いた先は、ロサンゼルス東郊外のサンタアニタ競馬場だった。馬小屋を改造した部屋を割り当てられた。壁はペンキが塗られ、床はアスファルト、簡易ベッドが置かれていた。部屋の隅にトランクを置き、最初にしたのはシーツに藁を詰めマットを作ることだった。トイレ、シャワー、食堂は共同。女性トイレは戸板の仕切りがあるだけでドアはなかった。親の世代がよく口にする「ガマン」という言葉を初めて体感する。

いちばん困ったのは悪臭だった。暖かくなると、簡易ベッドのパイプを伝って馬ふんの臭いが部屋に充満する。「食堂で朝食を済ませ部屋に戻ると、本など要るものをもって日中は外にいた。夕方涼しくなった頃を見計らって部屋に戻る毎日だった」。

サンタアニタ競馬場が集合センターに充てられた一九四二年三月から十月までの間、馬小屋に押し込められた日系人は一万八千余人に上り、常時約八千五百人が寝起きしたとされる。日中はライフル銃を構えた監視兵が巡回し、夜間は監視塔の上からサーチライトを照らした。

犯罪人扱いに日系人たちは反発、監視兵との小競り合いが絶えなかった。一方で倉庫から食材やウイスキーを失敬して部屋で調理する者もいた。帰米二世のなかで日本に長く滞在して、軍国主義の影響を受けた者ほど反米意識は強かった。

日系人の反発は他の集合センターでも起きていた。米政府は一刻も早く日系人を太平洋岸から遠く離れた内陸部に移すよう戦時転住局を追い立てた。やがて、

競馬場の土には収容所に移されるまで悪臭に耐えた日系人の汗と涙が染み込んでいる＝2015年11月16日、サンタアニタ競馬場

十一万余人が列車やバスで荒野や砂漠の強制収容所へ送られた。

強制収容所は全米十か所につくられた。カリフォルニア州北部のトゥールレーク、中部のマンザナーを除き、アリゾナ州のポストンとヒラリバー、アーカンソー州のローワーとジェローム、アイダホ州のミニドカ、ワイオミング州のハートマウンテン、コロラド州のアマチ、ユタ州のトパーズの収容所は太平洋岸からさらに遠かった。

いずれも気候の厳しいところで、ローワーとジェロームは湿地帯、あとは砂漠地帯で夏は猛暑、冬は氷点下まで気温が下がった。人数は一定ではなかったが、ピーク時は約七千三百人（アマチ）から約一万八千八百人（マンザナー）が収容された。

移送は五月末から始まり、集合センターから強制収容所へ向かう列車が連日、出発していった。巽幸雄、小磯喜美代はマンザナー収容所、春藤美代子はポストン収容所、小畑秋子はジェローム収容所、藤内稔はアマチ収容所へ家族とともに送られた。

スパイ容疑が晴れ、ノースダコタ州の司法省ビスマーク拘留所を放免になったチャーリー・浜崎は九月、父、太平は年末に家族のいるローワー、小畑秋子の夫村男はジェロームの収容所へ送られた。

二〇一五年十一月十六日、サンタアニタ競馬場を訪ねた。

ロサンゼルスの市街地から東北へ約三十キロ、車で約三十分。レースのない日だったので、駐車場は閑散とし、メキシカンの作業員たちが場内の清掃に汗を流していた。

サンガブリエル山を背にした競馬場。コロニアルスタイルとスパニッシュ風アールデコ調の建物はテーマパークのようだ。一九三四年の開業以来、駿馬が数々の名勝負を繰り広げ、世界のジョッキーの激戦地としても知られる米競馬界の聖地とされる。

トラック内側が芝コース（一周千四百八メートル）、外側がメーンのダートコース（同千六百九メートル、直線二百七十四メートル）。パドックやコースの芝はきれいに手入れされ、カリフォルニアの陽光に映えていた。

レースは十二月下旬～四月下旬、九月下旬～十一月中旬の二期に分けて開催。春の「東京シティカップ」では「ジャパン・ファミリー・デー」が催され、茶道、華道などのデモンストレーション、ステージでは和太鼓、琴の演奏など、日米文化交流が繰り広げられる。

かつて日系人たちの集合センターであったことを証明する手がかりは見つからなかった。しかしサンタアニタ競馬場の土には苦闘に耐え抜いた日系人の尊い汗と涙が染み込んでいることを忘れてはならない。

五　アマチ強制収容所

藤内稔は一九四二年九月、コロラド州のアマチ強制収容所へ列車で移送された。母、とよね、姉、瑠美、弟、豊も一緒だった。サンタアニタ競馬場の集合センターを出発してから三昼夜、着いたところは州都デンバーの南東部にあるグラダナという町だった。

藤内たちを乗せた列車は古い客車を何両も連ねていた。座席は木製で四人が足を伸ばせた。入り口にライフル銃を肩に掛けた兵士が昼夜立ち、日没が近づくとガス灯がともった。じっと座っている子どもたち。十五歳、十三歳、十一歳。「あなたたちは米国人なのに、親が日本人であるばっかりに、こんな目に遭うなんて」。わが子をふびんに思い、心の中でつぶやいた母の眼差しを藤内は見逃さなかった。

大きな町の駅に着く頃になると、監視兵は車窓のブラインドを下ろすよう、号令をかけた。石炭や水の補給が終わると再び、ガタンゴトンとレールの音をきしませた。退屈な旅だった。唯一の楽しみは食堂車だった。

「ソルトレーク（ユタ州）からデンバーまでの食事はおいしかったが、プエブロ（コロラド州）からサンタフェ（ニューメキシコ州）へ向かう列車は途端にまずくなった。食べ盛りだったから、食事の時間が待ち遠しかった」

列車がグラナダの町に着くと、今度はトラックに乗せられ、アマチ収容所へ。八月下旬から九月下旬まで、カリフォルニア州中部のマーセド集合センターから約四千五百人、サンタアニタ集合センターから約三千人、計約七千五百人がアマチ収容所に移送された。

アマチ収容所は八月下旬に完成し、当初グラナダ収容所と名付けられたが、その後、かってこの地の先住民シャイアン族リーダーの娘の名前にちなんでアマチと改名された。藤内らが到着した頃はアマチ収容所と呼ばれていた。

収容所は十か所とも同じ造りの細長いバラックを並べ、住居や食堂、シャワー室、スポーツやレクリエーションホール、学校や幼稚園、病院、売店などに充てた。

一棟は長さ約三十六メートル、幅約六メートル、タール液を染み込ませた紙を屋根板に敷き防水した。住居は四～六室に分割し、一室の広さは三十～四十五平方メートル。隣室との仕切りは板壁一枚で天井板がないから会話は丸聞こえだった。

十二～十四棟を一住宅区とし、二十～三十余りのブロックに仕切られた。鉄条網と有刺鉄線を四方に張り、監視塔には兵士が常駐、収容所の内側にライフル銃を向け、夜間はサーチライトをともし収容者の動きに目を光らせた。

収容者はすべてナンバーがふられた。藤内の家族は「１２８０３」。十二ブロックの八棟の三号室が住居だった。「床はレンガ。薄っぺらなマットを敷いた軍隊用の折り畳み式ベッドと毛布二枚、石炭ストーブが置かれ、天井から裸電球がぶら下がっていた」。

部屋の板壁をボンと足で蹴ったら穴が開く粗末な造り。サンタアニタ競馬場と変わらなかったが、馬ふんの臭いがないだけましだった。

コロラド州は、西半分はロッキー山脈が南北に走り、東半分は平原が広がる。標高四千～千メートル級の山々がそびえる高地なので自然はとても厳しい。

アマチ収容所はグラナダの砂漠の中にあった。「真夏の最高気温は四十三度、真冬は氷点下二十三度まで下がる。最初の冬は氷点下三十度まで下がった。冬着がなく夏服を重ね着し、厚紙を壁に張り寒さをしのいだ」。

藤内一家はここで終戦翌月の一九四五年九月まで三年間暮らす。開戦直後、ＦＢＩに連行された父、源五郎は司法省管轄のミズーラ収容所（モンタナ州）、フォート・シル隔離所（オクラホマ州）などに拘留されていたが、四四年春に釈放され、家族の元にやって来た。

アマチ収容所の日系人たちはガマン（我慢）、シカタガナイ（仕方がない）と自らに言い聞かせた。幼稚園、小中学校、高校が開設されると、姉の瑠美は高校、藤内と弟の豊は中学校へ通った。

教育の重点は日系人の米国化を図ることだった。藤内たちは建国以来の米国の価値観を繰り返したたき込まれた。一日の始まりは星条旗への敬礼、「わが祖国よ　豊かな自由の地よ～」と、国歌の斉唱だった。

成人教育も盛んになった。図書館を設置、美術、書道、音楽、生け花、一世のための英会話教室、米国啓蒙講座などが開かれ、野球、バスケットボール、柔道、相撲、ボクシング、バドミントンなどのスポーツに没頭するときが、日系人にとっての息抜きだった。

年中行事も認められた。みんなでもちをついて正月を迎え、イースター（キリストの復活祭）、釈迦の誕生日（四月八日）をみんなで祝い、天皇崇拝につながる神道以外は放任された。

戦時転住局は収容所内での自治、新聞の発行も認めた。規則で縛るより日系人の自主性を尊重した方が管理しやすいとみたのだろう。新聞の編集長やスタッフは日系人に担当させ、当局の情報担当官は収容者の煽動につながる記事以外、自由に書かせた。

農場では様々な作物が栽培され、家畜が飼われた。収容所での仕事には報酬が出た。医師、歯科医、教師など資格者は一か月十九ドル、そのほかの労働には一か月十六ドルが支払われた。「母は食堂の皿洗いに雇われ、父はボイラーマンとして働いた」。

藤内の楽しみはボーイスカウト活動だった。ドラムとラッパ、シンバル、大太鼓の楽団を結成し記念日に演奏した。しかし、米軍に志願、徴兵された若者を送り出すとき、戦死した人を迎えるときは辛く悲しかったという。

「兵士はみなが寝静まった頃か夜明け前に、そっと収容所を後にした。『米国に忠誠を誓い、戦場へ出ていくことを町の人たちにも知らせるんだ』と、指揮者の声に背中を押され、力の限りドラムをたたいた」

六　元コロラド州知事ラルフ・カー

元コロラド州知事、ラルフ・カー。戦時中、政治生命を懸けて日系人の強制収容に反対し、開戦後、太平洋地域から退去を命じられた日系人を温かく迎えた。リンカーン大統領を師と仰ぎ、「すべての市民は合衆国憲法の下で平等」と確固たる信念を最後まで貫いた。

伝記などによると、その信念を証明する数あるエピソードのなかで、日本軍によるハワイ真珠湾攻撃の二日後に行った演説は最たるものだ。反日世論が沸騰している最中、カー知事はラジオのマイクに向かいコロラド州民に冷静を保つよう求めた。

「米国が人種のるつぼであることを思い起こそう。自由な人間として生きることを求める人々が、あらゆる国からやってきた。祖父の出身地から、同胞に対する愛着や国に対する献身の程度を推し測ることはできない。全ての米国人は合衆国の外にルーツを持っている」

日系人の強制収容に道を開く「大統領令９０６６号」をホワイトハウスからの電報で知ると強く反発した。「これは不正だ。私は米国市民を刑務所送りにするつもりはない」。

開戦時、コロラド州には約二千七百人の日系人が住んでいた。州民の多くは日系人を隣人と認め、思いやりのある態度をとっていた。しかし国家の安全保障の名の下、その何倍もの日系人が西海岸から送られて来るとなると話は別だ。

デンバー・ポスト紙は日系人排斥をあおる漫画を論説ページに載せた。「西海岸から来たジャップ」「敵性外国人」「低賃金労働者」と書いたのぼりをはためかせた集団がトラックでコロラド州へ向かう道路脇に、「ゴミ捨てるべからず」の看板が立つ。

この紙面を見たカー知事は再びラジオで州民に呼びかけた。

「戦時措置として敵性外国人を受け入れる。義務を果たすのに十分な心の広さと愛国心を州民は持っている。皆がよき兵士になろう」

二か月後、西部十州の知事がユタ州ソルトレークシティーで日系人の受け入れ先を協議したとき、手を挙げたのはカー知事だけだった。内陸部に五十〜七十五の仮収容所をつくり、日系人が住居と仕事を見つけるまでの避難所とする案を、どの知事も拒否した。

米政府は強制収容所を内陸部の十か所につくり、集合センターから日系人を移送することを決め、コロラド州グラナダにもアマチ収容所を設けた。カー知事はコロラド州に受け入れたが、強制収容には最後まで反対だった。

カーは一八八七年、コロラド州カスター郡、現在のプエブロ近郊のロシータという町で生まれた。鉱夫たちがコロラドに集まって来る時代。カーの生まれる前後、銀や金の鉱脈が見つかり、ロッキー山脈を横断、大陸両岸を結ぶ鉄道が開通して間もない頃だった。

父は鉱夫で家は貧しかった。より豊かな生活を求め、家族はロシータから銀鉱の町、アスペン、さらに炭鉱の町、クリップル・クリークへと転々とした。母は教育熱心でカーはその期待に応えた。

幼い頃から新聞の売り子、スーパー店員、電報配達員、新聞社の通信員などのアルバイトで学費を稼ぎ、高校を卒業した後、コロラド大学文学部に進学した。ただの文学青年ではなかった。学生新聞の副編集長を務め、ペンを執るのが好きだった。

学生新聞の編集がきっかけで社会正義に目覚め、将来、自由や平等、正義を掲げる米国の建国理念を具現化する仕事に就きたい、とコロラド大学のロースクール（法科大学院）へ。卒業と同時に弁護士資格を得た。

弁護士と新聞編集長で生計を立て、一九二七年、コロラド州司法次官補になり水利権問題を担当する。二年後の二九年、共和党大統領のハーバート・フーバーから同州担当の連邦検事に任命された。禁酒法の執行が任務で正義感の強いカーに打って付けのポストだった。

「どの鍋にも鶏一羽を。どのガレージにも車二台を！」のスローガンを掲げて前年の大統領選で圧勝したフーバー。しかしカーを連邦検事に任命した年のニューヨーク株式市場発の世界恐慌の対策が後手に回り、大統領は一期で終わった。

代わって大統領に就いたのは民主党のフランクリン・ルーズベルト。ニューディール政策と第二次大戦参戦による戦争特需で米国を不況のどん底から救い上げた。しかし日系人にとって人間の尊厳を貶めた大統領だった。

カーは連邦検事を辞め弁護士に復帰。三八年十一月の州知事選に共和党から出馬し、初当選した。カーは知事選挙の前、友人に本音を打ち明けていた。「もし当選したら、コロラド州で最も憎まれる男になるだろう。なぜって？　わたしは自分の信念に従うからだ」。

カーが日系人の強制収容に反対した理由は法律家としての矜持だ。「日本人の血を引く両親から生まれたというだけで米市民を拘留するのは、合衆国憲法に反する。私の考えが間違っていると思うなら、次の選挙で私を落とせばいい」。

母校コロラド大学での演説で「合衆国憲法と市民の基本的人権を保障する権利章典を本当に信じることができるか。全ての答えはそこにある。聴聞会も不正行為の告発もないまま強制収容所に送れば、米国という体制を根本からぶち壊すことになる」と警鐘を鳴らした。

カーは州知事を二期四年務め、四二年十月の連邦上院議員選挙に共和党のホープとして立候補したが、日系人への憎悪をむき出しにする民主党現職のエドウィン・ジョンソンにわずか三千六百余票差で敗れた。

カーは再び弁護士に戻るが、日系人擁護を貫いた。アマチ収容所から日系二世のワカコ・ドウモトを家政婦として雇い、同じ屋根の下で日系人と生活できるということを世間に示した。

カーの信念にもとづく勇気ある行動について、ワカコはカーへの感謝の気持ちを生涯忘れなかった。

日系人強制収容から半世紀。一九九二年七月十二日、日本のＴＢＳが放送したテレビ番組「報道特集」の中でワカコはカーについてこう語っている。

「カー知事は私を庇護《ひご》してくれました。強く勇気あるワシの翼の下で守られているようでした」

米国の国章はハクトウワシ。「多数から一つへ」とラテン語で書かれた布をくわえ、頭は平和の象徴、オリーブの枝の方に向けられている。いろいろな価値観を持った人々が集まった米国。ワカコは人種や宗教を超えて個人を大切にするカーをワシに例えたに違いない。

伝記によると、当時ワカコは二十七歳。身長五・三フィート（約一六〇センチ）、体重一二六ポンド（約五七キロ）の小柄な才女だった。カリフォルニア州オークランドのハイスクールを首席で卒業後、スタンフォード大学で二年間社会学を学んだ。戦争が始まるまでサンフランシスコの実家の会社「南カリフォルニア花卉《かき》市場」を手伝い、総務・経理を切り盛りしていたという。

四二年八月下旬に家族とアマチ収容所へ送られた。収容所の人事記録部門で働くようになり、すぐ補佐役に抜てきされ、月給は医師や教師と同額の十九ドルもらった。そんな彼女に白羽の矢が立った。日系人を擁護したため四面楚歌にあったカーの家政婦として働くことになったのだ。

ワカコがカーに初めて会うのは知事の任期が終わる直前の四十三年一月初めだった。

「病気の父が心配で最初お断りした」。収容所の推挙もあり、ワカコは不安を抱きながらデンバー行きのバスに乗った。停留所でワカコを出迎えたのはカー本人だった。「不安はすっと消え、安心に変わった」。

ワカコはダウニング街にあるカーの自宅で約半年間住み込み、月給三十五ドルのほかにエミリー・グリフィス特別学校へ通わせてもらったという。

「学校では友達もできた。カー知事から教わったことはやれば何でもできるということ」

収容所を去る日の心情を感謝の意を込めて語る。

「収容所で父を亡くしたが、心の中にもう一人の父がいた。カー知事です。汽車でコロラドを離れるとき、父を置いていくようでとても悲しかった。カー知事は私の将来に希望を与えてくれた恩人です」

ワカコの日本名は堂本和加子。親の故郷、和歌山県の和とカリフォルニア州の加を取って名付けられた。日米の懸け橋になってほしいとの願いが込められているのは言を俟《ま》たない。

カーは五〇年九月二十二日、感染症から生じた合併症による心臓発作でこの世を去った。享年六十二。十一月の知事選に名乗りを上げ、九月十二日の共和党予備選挙で対立候補の全米海外戦争従軍退役軍人会の元会長をダブルスコアで退けた直後だった。

憲法で保障された「権利はすべての市民に」という信念は終生変わらなかった。

デンバー市のコロラド州議会議事堂の一角に、日系人たちが感謝の意を込めて贈ったプレートが飾られている。

ラルフ・カー知事にささげます。

偏見を排し、賢明で人道的なあなたの努力によって第二次大戦中、コロラドに住む日系人は自由を奪われることはなかった。そればかりか、あなたは西海岸から退去を命じられた日系人を快くコロラドに受け入れてくれた。あなたの勇気ある行動は、真の米国人の心の中にずっと生き続ける。

一九七四年十月　コロラド州日系人協会　東洋文化協会

その二年後、デンバー市内のサクラ・スクエアにはカーの胸像が建立された。

戦時中、カー知事を批判したデンバー・ポスト紙は九九年十二月、コロラド州を代表する二十世紀の人物にカーを選んだ。

二〇〇八年八月、コロラド州の国道285号の一部、約二四〇マイルが「ラルフ・カー・メモリアル・ハイウェイ」と命

コロラド州議会議事堂の一角に飾られているラルフ・カー氏への感謝のプレート＝2017年2月21日、デンバー（在デンバー日本総領事館領事泉彰浩さん撮影）

名された。開戦後、南カリフォルニア州からの自由立ち退きを選んだ日系人がニューメキシコ州を経由してコロラド州に入るときにたどった道で、カー知事は州境に使者を送って移住者を迎えた。

「プリンシプル（原理原則）は真実と同じくらい偽りのないもので、神の創造物が永らえる限り絶えることはない」。合衆国憲法にプリンシプルを貫いたカーの言葉である。

七　忠誠への踏み絵1　小畑秋子

小畑《こばた》秋子、九十三歳。二〇一二年八月二十三日、ロング・ビーチの自宅を訪ねた。夫、村男が亡くなって約三十年。一人暮らしだが、小畑の家から車で約二十分の町、モノグラムに長男のブライアン・弘、六十歳が住む。「仕事帰りに様子をうかがってくれるから安心だよ」と。

訪問は太地町歴史資料室学芸員、櫻井敬人のアポで実現した。「高齢なので取材は体調を見てから」と言われていたが杞憂だった。「日本では墓参りにも日を選び、隣近所に気遣いが必要だが、米国はのんびりして住みよい。でも太地のことはいつも気にしている」。

二〇〇九年に日本のイルカ漁を批判した米映画「ザ・コーヴ」で太地町が話題になった。

小畑はビデオを見て憤慨したという。「次に会えることはないから何でも聞いて」と小畑が言うと、「そのセリフ、去年も聞いた」と櫻井が混ぜ返しインタビューが実現した。

七十年前に時計の針を戻そう。

一九四二年十月、小畑秋子は夫、村男とカリフォルニア州のフレズノ集合センターから南部、アーカンソー州のジェローム収容所へ移送された。村男はスパイ容疑が晴れ、一か月前にノースダコタ州のビスマーク司法拘留所を出てフレズノ集合センターへ合流していた。ジェロームに護送列車が着くとトラックで郊外の収容所へ。荒地にバラックが立ち並び、小畑夫妻は一部屋に入居した。年が明けると、米陸軍省は突如、日系二世兵士の戦闘部隊を編成する計画を発表した。一月二十八日のこと。ジェロームや他の収容所でも衝撃が走った。

日系二世兵士は陸軍に限って開戦前まで約三千五百人いた。しかし真珠湾攻撃から一転、1-A（兵役に就くことができる）から4-C（兵役を免れる外国人）、または4-F（兵役に不適格）に降格。日系兵士の採用を中止し、現役から銃を取り上げ閑職に追いやった。

方針転換の背景には、太平洋上での日米間の軍事力の逆転があったとされる。四二年六月のミッドウェー海戦で米海軍が日本海軍を撃破し、米国が太平洋戦争の主導権を握る先駆けとなった。

「我々も前線に出て米国に忠誠心を示そう」と、各収容所のJACL（日系米国人市民協会）

は兵役復活の声を上げた。幹部は許可を得て同年十一月、ユタ州ソルトレークシティーに集まり大会を開き、決議文を採択、陸軍省に兵士採用の要望書を出した。

米陸軍省の方針転換を受けてF・ルーズベルト大統領は四三年二月一日、合衆国に忠誠を誓う日系志願兵で第四四二連隊戦闘部隊を編成すると発表した。日系人部隊の編成は、強制収容の非難に頭を悩ませていた大統領にとって起死回生の一手だった。詳しくは後述する。

陸軍省は全収容所で忠誠登録を実施する。兵役に耐えられる二世男子を対象にしていたが、WRA（戦時転住局）が調査に相乗り、対象を成人に広げたため日系人の不信と収容所での混乱を招く結果となった。

WRAの参画理由は単純だった。日系人を除く市民が徴兵され、国内の工場や農場は人手不足に陥っていた。収容所の親米派日系人を労働力に充てる。調査は親米派を掌握でき、仮出所の手続きがスムーズにいくと考えた。

用紙は二種類。一つは十七歳以上の二世男子を対象とした陸軍省の「日本人の祖先をもつ米国市民の声明」。もう一つは一世と二世女子へのWRAの「仮出所許可申請書」だった。三十余の質問のうち、第二十七項と第二十八項の二問が日系人の神経を逆なでした。

二世男子への第二十七項は「命令があれば、米陸軍兵士としてどこでも戦闘任務に就きますか」、第二十八項では「無条件で米国に忠誠を誓い、外国や国内の攻撃から米国を守り、天皇や外国の政府、権力、組織への忠誠や服従を拒絶することを誓いますか」と問うた。一世と二世女子に第二十七項は「機会が与えられ、あなたにその資格があるなら、陸軍看護婦部隊、婦人補助部隊に志願しますか」、第二十八項では「無条件で米国に忠誠を誓い、天皇や外国の政府、権力、組織への忠誠や服従を拒絶することを誓いますか」と問うた。これらの質問は、すべての日系米国人を「敵性外国人」として強制隔離しておきながら、一方で米国への忠誠を問う、矛盾したものだった。日系人の感情を無視した米政府の不遜な態度がうかがえる。

だれもが答えに窮した。

二世は男女とも第二十七項に「イエス」と答えたら志願と受け取られる。親を残して戦場へ行けないと頭を抱えた。第二十八項を「イエス」としたら、かつて天皇に忠誠であったと認めることになる。

一世は第二十八項を「イエス」と回答したら、無国籍になると判断した。一世は米国籍を得る資格のない外国人とされてきたから、日本国籍の放棄を要求されていると受け止めた。

小畑秋子はジェローム収容所で夫、村男と頭を悩ませた日を思い出す。「WRAの用紙を一読して驚いた。第二十七項に『イエス』と答えたら従軍看護婦に召集される。そう考えて『ノー』と答えた」。村男は第二十八項に「ノー」と回答し日本国籍の放棄を拒否した。

この二つの質問に「NO」と答えた者は「ノーノー組」と呼ばれた。

「わたしたちはジェローム収容所で『ノーノー組』と差別された。国に楯突く気など毛頭なかった。また離れ離れになるのが嫌だっただけ」と秋子は振り返った。

「ノーノー組」は米国への不忠誠の烙印を押され、審査から七か月たった四三年九月、全米各地の収容所からカリフォルニア州北部のトゥールレーク強制収容所に集められた。秋子と村男も送られた。

その数、約九千人。トゥールレーク収容所で忠誠を誓った約六千人は各地の収容所に配置換えされた。同収容所は「ノーノー組」や審査を拒んだ者の隔離施設のように見られるが、秋子のように夫婦や家族のきずなを大切に考える日系人は多かったという。

その後、秋子は夫婦で日本への送還を希望して米国籍を抜く。秋子はターミナル島生まれの米市民だった。米政府が日系二世を日本に送還するのは国外追放であり憲法違反だった。四四年夏、二世が市民権を放棄できる国籍剝奪法ができ、秋子はそれに従ったという。

だが、日本の敗戦で秋子は岐路に立

ノーノー組でも米国に残ったと往時を振り返る小畑秋子さん＝2012年8月23日、ロング・ビーチの自宅

つ。夫を説得、米国に残る決意をする。一方、小磯喜美代は忠誠登録で「イエス」と答えマンザナー収容所に留まったが、七歳上の夫、美佐太郎は調査後、どこかへ連れて行かれた。小磯は日本行きを決意し、帰国船の中で夫と再会する。

美佐太郎はGHQの通訳をした後、英語力を買われ竹中工務店に就職。夫婦で神奈川県茅ヶ崎に暮らしたが、美佐太郎は一九六八年に肺がんで死去。享年五十六。喜美代は太地町に戻り、二〇一三年夏に天寿を全う。享年九十三だった。

秋子は現在、老人ホームに。二〇一五年十一月、在米太地人会創立百周年式典後、秋子を訪ねた。三年ぶりの再会だった。「秋子さんの体験も必ず書き残しますから」と伝えると、私の手を握り「ありがとう」と目を潤ませた。

八　マンザナー強制収容所跡

二〇一五年六月十六日、マンザナー強制収容所跡を訪ねた。ロサンゼルスの北、約三百五十キロ、車で約四時間。かつて砂漠の中に一万人余の日系人を収容した施設の一部を復元し、資料館を併設した米内務省国立公園局が管理する国定歴史建造物と聞いていたからだ。

現地案内はフリーアナ佐伯和代の紹介で吉田達にお願いした。早朝、美人の奥さんを伴い宿泊先に迎えに来てくれた。「押忍！」。柔道五輪強化候補にもなった指導者らしく礼儀正しい。「デビです。よろしくお願いします」。流暢な日本語だった。

二人は日本で出会い、渡米して結婚。吉田はラスベガスの観光航空会社で約三年、グランドキャニオンをツアーガイドした。サムの愛称で機知あふれるガイドぶりは沖縄の米国視察団に同行していた琉球新報記者が九九年四月九日付の紙面に大きく紹介したほど。

しかし、二〇〇一年九月十一日、米同時多発テロ事件が発生、世界を震撼させた。観光ビジネスの衰退、何よりアラブ系米国人を強制収容する声に驚いた。米社会が不寛容な国になっていくのではないか。吉田は帰国を決意、デビと二人の幼子も一緒だった。

一家は吉田の生家、鹿児島県徳之島で子育てが一段落するまで生活した。吉田は大工、理容師など様々な仕事を体験。柔道の指導も始めた。デビは島民に英語を教え、ＰＴＡ活動へも積極的に参加するなど、日本語のみならず徳之島の風習や伝統文化を吸収したという。

二〇一二年。吉田は四十六歳になっていた。米大統領はテロとの戦いを宣言、「愛国者法」を成立させイラク戦争に着手したジョージ・Ｗ・ブッシュから建国以来初のアフリカ系米国人のバラク・オバマに交代していた。

米国の歴史はさまざまな国や地方から各地に根づいた移民の歴史だ。オバマ大統領は米軍のイラクからの撤退を表明、「核なき世界」への働きかけが評価されノーベル平和賞を受賞、再選をめざしている最中だった。

「自由で努力する者にチャンスが与えられる本来の素晴らしさを取り戻した」。吉田は家族を伴い渡米した。現在、シェアハウスを経営、日本からの若いアスリートらを世話する。日本食レストランのアドバイザーを頼まれ、たまにツアーガイドもする。

吉田はグリーンカード（米永住権）を得ている。日系移民の一世、子どもたちは帰米二世と重なる。なぜ再び米国に住むことを選んだのか。最後の質問をしようとしたら、車は急にスピードを落とし国道395号を左に折れた。「マンザナーに着きました」。

紫外線が肌をさす。スペイン語で雪に覆われた山脈という、シエラネバダ山脈の頂上は雪をかぶったままだ。「395号は妻の実家（ネバダ州）へ行く道。何度も通るが、こんな殺風景な所に日系人を隔離した施設跡があるとは知らなかった」。吉田の率直な感想だった。

収容所跡があるマンザナー地域は西のシエラネバダ山脈と東のインヨ山地に挟まれ、オーウェンズバレーと呼ばれる。この地域での人類の活動は一万年以上前にさかのぼり、先住民インディアンの狩猟生活に始まったとされる。

オーウェンズ川に注ぐ雪解け水や地下水は肥沃な土地をつくり、約千五百年前にパイユート族が狩猟生活とともに灌漑農業を行って定住した。十九世紀中頃、米国がメキシコとの戦争に勝ちカリフォルニアを獲得すると、ヨーロッパ系米国人の移住が始まった。

この地に新たにやって来た白人たちは武力で先住民のパイユート族を追い出し入植した。奪った彼らの土地で果樹園や麦畑を開き、酪農を始め、二十世紀初め、リンゴの産地になった。マンザナーとはスペイン語でリンゴ園のことだ。

同じ頃、ロサンゼルス市は都市化が進み、人口が増加。新たな上水道の水源が必要となり、巨額な予算を投じ、オーウェンズバレーとロサンゼルスを結ぶ送水路を建設した。その際、リンゴの木は引き抜かれ、一帯の農業は壊滅し荒れた土地は砂漠化した。

そんな荒れ地に日系人強制収容所はつくられた。開戦後、米陸軍はロサンゼルス市からオーウェンズバレー周辺の約二千五百ヘクタールを借り、一九四二年三月までにシエラネバダ山脈のふもとに兵舎とバラックを建て、カリフォルニア州から一万人以上を移送した。当初の三か月は集合センターとして、同年六月から終戦の四五年十月まで強制収容所として使われた。日中は太陽がじりじりと照り、夜は冷え込む。冬は氷点下になる。突風が吹き荒れ、砂嵐は春の終わる頃が最もひどかったという。

建物は戦後、すべて取り壊された。マンザナー収容所跡は現在、国立公園局が管理。戦時下での日系人強制収容と公民権を守ることの大切さを後世に伝えるために、一九九二年、米政府が国定史跡に指定し、二〇〇四年には資料館を開館した。

収容所跡の外に復元された監視塔が立つ。兵士がライフル銃を内側に向けた不気味な建物だ。資料館へ入ると、展示物で埋め尽くされていた。日系人が暮らした部屋にはトランクと簡易ベッドが置かれていた。デビがベッドに寝転がった。「背中が痛くてこれじゃ寝られない」。

愛犬を連れて来られなかった少年の無念さをつづったボードの側に置かれた水飲み皿。おもちゃの貸し出しに列をつくる子どもたちの写真。すべての収容者の名前を記した幕に投影された星条旗。だんだんと心が重くなっていく。

第四四二連隊戦闘部隊の日系兵士の遺品などを飾る一角に「サダオ・ムネモリ上等兵」のコーナーがある。舟形の帽子を左斜めにかぶったサダオの遺影と人柄や戦歴を記したボードが掲げられ、その下に写真などが展示されている。

一九四三年五月、サダオがマンザナー収容所を訪ね、家族や友達と撮った最後の写真。イタリア戦線で敵の手投げ弾に覆いかぶさり仲間を救って死亡したとき、頭陀袋から見つかった母親の写真。イタリア・ピエトラサンタ市が二〇〇〇年四月、戦没者広場にサダオの銅像を建てたとき、遺族に贈られた記念の塩の小瓶などだ。

サダオはロサンゼルス近郊で広島県出身の農業移民の子として生まれ、同収容所から志

復元された監視塔。有刺鉄線の内側に兵士がライフル銃を向け日系人に目を光らせた＝2015年6月16日、カリフォルニア州マンザナー強制収容所跡

願した。当初、陸軍情報部語学学校に配属になったが、「四四二部隊」に転属を認められた。「米国があなたの国です」。母が最愛の子と最後の別れ際に掛けた言葉だった。

サダオの犠牲的精神は戦後、語り継がれ称えられてきた。現在、ロサンゼルスの高速道405号と105号の交差する付近に「サダオ・ムネモリ」の標識が立つ。

資料館を出て跡地へ。真っ白な慰霊塔が目に飛び込んできた。石工、カド・リョウゾウが収容されていた若い僧侶の力を借りて建立した。「慰霊塔」と「千九百四十三年八月　満座那日本人建立」は僧侶ナガトミ・シンジョウの筆という。寂寥とした荒野の塔に合掌した。

跡地には十四ブロックの住居と食堂が復元されているが、学校、消防署などがあった場所は番号板と短い説明板があるだけだ。日系人たちが日本をしのんで造った日本庭園の池は干上がっていた。

国立公園局が保管する地図によると、収容所の広さは縦横約一・一キロメートル。四方を有刺鉄線のフェンスで囲み、鉄条網の棘が日中、太陽光に映えナイフのようにギラついた。四方の角とその中間、計八か所に監視塔があった。

内側にブロックと呼ばれた居住地区が三十六か所あり、どのブロックも両側に七つの住居が縦に並び、その真ん中に共同のアイロン場、洗濯場、仕切りのないトイレとシャワーと洗面の出来る建物、住居の端に大食堂（メス・ホール）とレクリエーションホールがあった。

バラックは長さ約三十メートル、幅約七・五メートル。一棟を薄い板で四部屋に仕切り、一部屋に八人が入居。だるまストーブと簡易ベッド、裸電球の下で寝起きした。バラックは建て付けが悪く、収容者はすきまから入って来る風や砂に悩まされた。

幼稚園から高校、孤児院まであった。柔剣道場、野球場、野外シアター、寺院、教会、郵便局、警察、消防署、病院、管理事務所などがあった。孤児院では百人余が生活。病院は二百五十床、五人の医師が見習い医師と看護師十数人を従え、診察、手術に当たった。最初に収容されたのはターミナル島出身者だった。第九と第十ブロックにまとまって住んだという。

現場に立ってあらためて気づくことがある。負の歴史に向き合い、後世に伝え、教訓とする米国の姿勢。失敗から何を学ばなければならないか教えてくれた。

九　忠誠への踏み絵2　巽幸雄

巽幸雄はマンザナー収容所へ送られた。忠誠登録で「ノー、ノー」と答えた。その理由は帰米二世でも市民として民主主義、寛容さを信じて生きて来たが、見事に裏切られたからだ。「砂漠の収容所に隔離された揚げ句、敵扱いに我慢ならなかった」と語気を強めた。

巽は一九四二年初夏、母と二人の弟とサンタアニタ集合センターからマンザナー収容所へ送られた。二十二歳のときだった。忠誠登録のとき、１－Ａ（兵役に就くことができる）から４－Ｃ（敵性外国人）に降格されていたことを知った。

「落胆と同時に怒りがこみ上げてきた」。二〇一六年六月十七日、自宅での取材に当時の胸の内を答えた。米国人として認められないなら従軍する必要はない。巽の出した結論だった。以来、徴兵通知は来なかった。

十八歳の雅雄は調査票に「イエス、イエス」と書き込んでいた。のちに米陸軍に徴兵され、二世兵士で編成された第四四二連隊戦闘部隊（通称四四二部隊）に配属、対ドイツ軍との激戦で日系部隊の勇猛さをとどろかせたフランス戦線に従軍した。

収容所では、米国に忠誠を誓う者と、日本を支持する者との間で対立が生まれた。また日本に愛着のある一世と米国生まれの二世との世代間格差は著しかった。食堂が共用だったため、二世たちは親と離れて友達同士で食事をした。

四二年十二月五日夜、密告の疑いをかけられたＪＡＣＬ（日系米国人市民協会）の幹部が六人の暴漢に襲われる事件が起きた。被害者から名指しされた帰米二世ハリー・ウエノが傷害容疑で逮捕され、収容所の外に拘留された。

翌六日夜、逮捕に抗議する集会が開かれた。大勢集まったため、憲兵隊が催涙弾を撃ち込んだ。さらに憲兵隊の威嚇発砲した流れ弾が、二人の日系二世の若い命を奪った。十人が重軽傷を負った。

ＪＡＣＬが前月、ソルトレークで会議を開き、日系二世に兵役の道を開く請願書を大統領に送ったことなどが事件の背景にあったとされる。十二月九日付ロサンゼルスタイムズは「マンザナー暴動　ジャップを銃で鎮圧　真珠湾奇襲一周年に合わせてバンザイを叫ぶ暴徒」と反日感情をあおった。

抗議集会にかかわった一世は司法省管轄の収容所、二世は戦時転住局の市民隔離収容所に送られた。密告者の疑いをかけられたＪＡＣＬ幹部とその家族など、約五十人は陸軍のトラックで東部、中西部に移って行った。

あとで事件の顛末を知った巽の心境は複雑だった。「帰米二世が日本を支持したといわれるが、育った環境や受けた教育によって考え方はさまざまだ。私のように米国に骨を埋める覚悟の帰米二世もたくさんいた」。

事件から二か月後、「忠誠審査」を迎えた。

「母は市民権のない一世だが、米国生まれの私や弟のような市民まで敵性外国人扱いするのは憲法や建国の精神に反し、戦争で頭に血が上っているとはいえ、米政府は絶対間違っていると思った」

忠誠審査から四か月が過ぎた。一九四三年六月、巽は二歳下の新谷千恵と結婚した。ターミナル島生まれの千恵はサン・ペドロ高校の同級生。巽が日本から戻り知り合った。「砂漠の中で結婚式を挙げるとは夢にも思わなかった」。

式は収容所のホールで行われ、巽は一張羅の背広、千恵は母親が仕立てたウエディングドレスに身を包み、祝福を受けた。仲間が二人のためにダンスパーティーを催し、千恵は六月の花嫁は幸せになれるとの言い伝えを固く信じた。

巽は収容所の郵便局で働いた。仕事ぶりが評価され、月給は他より高い十九ドル。「漁船に乗れば一夜で七十五ドルもらえたターミナル島の暮らしとは雲泥の差。その分、仕事は楽だった」。

間もなく千恵に新しい命が宿った。四四年三月、長女幸子（ジニー）を出産した。忠誠登録の「ノー、ノー組」は前年九月、トゥールレーク収容所へ移送されたが、巽は千恵が身重だったためマンザナー収容所に残ることができた。

日本語、英語とも堪能な巽に、米陸軍情報部語学学校の日本語教師への誘いがあったが、すぐ立ち消えになった。

十　忠誠への踏み絵3　宮川姉妹

収容所の生活は子どもの目にどのように映ったのだろうか。一歳から二年余りを、マンザナー収容所で過ごした日系二世、フェリス・郁子・宮川。戦後七十年経っても当時のことを記憶にとどめている。

二〇一五年十一月十六日夜のホテルロビー。在米太地人会創立百周年訪米団の帰国を翌日に控え、見送る人が大勢やって来た。郁子は妹のクリス・馥子《ふくこ》・杉田とインタビューに応じてくれた。

「両親はマンザナー収容所でどんな体験をしたのか、戦争によって日系人社会や家族にどんなことが起き、つらい目に遭ったか、子どもたちに一切語らなかった」と、二人が口をそろえたのには驚いた。

「私は戦後生まれ。本を読んだり、学校の授業で習ったり、体験者の話を聞いておおよそのことがわかった。姉は収容所の生活を体験しているから彼女に聞いて」と、馥子に助け舟を出してもらい、郁子の記憶を七十余年前のマンザナー収容所時代に戻してもらった。

「幼稚園に通うようになった頃のことは覚えている。人形やおもちゃがたくさんあった。初めて手にするものばかりだった。職員にチョコレートをおねだりしたら、おやつの時間にどっさり出てきた。居住区の近くにあった野外シアターへも連れて行ってもらった」

うれしかったことの一つに、弟スティーブンが生まれたことを挙げる。郁子、三歳のときだった。一九四四年一月十一日、産気づいた母、美代子は父、幹蔵に付き添われて収容所の病院へ。弟は産声を上げた。「近所の人は『宮川の家にまた正月がやって来た』と、はやし立てた」。

三つ子の魂百まで。郁子の脳裏に刻まれた弟の誕生。日系人の強制収容について、実態を知ったのは戦後。中学の授業で米国人教師が教えてくれたという。

「先生は『Concentration Camp（強制収容所）』という言葉を使い、『戦時中、米国人は日系人にとてもひどい仕打ちをした』と謝罪した。先生の真摯な態度に驚いたことを今でも覚えている」

郁子が中学の頃は戦争が終わって十年近く経っている。強制収容の事実を重く受け止めている教師もいれば、まだそうでない教師もいたという。こんな授業のひとコマを記憶の箱から取り出した。

「ある日の授業で、戦争の話をしていた教師が生徒の前でマシンガンを構える格好して『ダダダダー』と日本兵をやっつけるまねをした。すると白人の生徒が立ち上がり『先生、やめて』と注意した」

一方で大人が使う日系人への差別用語などを平気で口にする子どももいた。

「学校で白人の生徒から『ジャップ』と言われたことも、今も忘れていない。そのときも傍らにいた友人が、『子どもが使う言葉ではない』とたしなめた。うれしかった。半面、堂々と抗議しなかった自分の弱さを痛感した。この国で生きていけるのか不安に思った」

郁子は一九四一年六月、ロサンゼルス市内の病院で宮川幹蔵と美代子の長女として生まれた。その頃、両親はロサンゼルスのハンティントンパークに住み、小売店・ママパパストアを営んでいた。

幹蔵は一九〇六年年一月、紀南の太地町で生まれた。米国へ出稼ぎに行く年齢になった頃、米国はすでに排日移民法を制定（一九二四年）、日本からの移民受け入れに事実上、ピリオドが打たれていた。

それでも米国へ渡る手段はあった。不法入国。いわゆる密航だった。太平洋側からメキシコに船で入国した後、米国との国境を突破するか、北米航路の貨客船の乗組員となり、米国に船が着いた後、行方をくらますか、闇夜に船から海へ飛び込み泳いで上陸するか、さまざまな裏技があったと太地町史は記述している。

米国への不法入国は、メキシコとの国境を越えるルートがいちばん多かった。在米の親戚や知人と日時、落ち合う場所を事前に決めて実行する。見つかった場合、四散して追跡をかわせるよう、四、五人一緒に行動した。越境後、迎えの車に乗って隠れ家へ直行した。

メキシコ経由の越境は昭和の初年頃まで続いた。同町史は日本政府が米国への出稼ぎを目的とした旅券の発給を自粛した日米紳士協定（一九〇七年）以降、米本土に不法入国した八十人の名前を記載している。

この中に宮川幹蔵の名前がある。郁子によると「父はメキシコ国境で迎えに来ていた漁野大兵衛の弟にピックアップしてもらいターミナル島にたどり着いた。当時、国境の壁はなかったが、信頼できる人の手引きがないと難しく、命を落とした人もいたと、父から聞いた」。

漁野は太地町出身の一世。一九一三年に渡米後、ターミナル島で漁船を建造、十数年ほど漁業を営んだが、操業中にけがをして船を降り、理髪業や飲食店を営んだ。在米太地人会の会長も務めたリーダーの一人だった。

ターミナル島では、どのような手段でやって来たか不問。宮川は漁野の下、漁師として遠洋漁業に出た。一九三九年、漁野のいとこ、貝美代子と結婚した。幹蔵三十三歳、美代子二十一歳のときだった。

美代子は日系二世。太地町の漁師だった父、竹吉が渡米後、一九一七年九月、ロサンゼルス市内で生まれた。一家はその後、ターミナル島へ移ったが、二三年に帰郷した。美代子は十八歳になるとターミナル島に戻った。

宮川は漁師に見切りをつけると、ターミナル島を出てロサンゼルス市内で小売店を開いた。郁子が生まれて半年後、日米が開戦した。宮川は不法入国者だったが、米村悦之助名義のパスポートを持っていたので、米村幹蔵として家族とマンザナー収容所へ送られた。

日系人強制収容の事実は戦後、学校で米国人教師から教わったという姉妹のフェリス・郁子・宮川さん（左）、クリス・馥子・杉田さん＝2015年11月16日、ニューガーデナー

『サンピドロ同胞發展録』によると、米村は在米太地人会が発足した一九一六年、同会幹事を務めている。「米村さんが帰郷したとき、パスポートを譲ってもらったのではないか」と郁子は話すが、故人となった宮川幹蔵に確かめるすべはない。

忠誠審査で宮川夫妻は「イエス、イエス」と答えた。戦争が終わってからマンザナー収容所を出た。一九四五年九～十月頃だった。美代子のおなかには翌年一月に出産予定の馥子がいた。

一家は一九六〇年代まで米村姓を名乗った。「私も馥子も出生証明書は米村姓だった。米村さんの年金受給資格の通知が父に届いたとき、両親はこの際、元の姓に戻そうと法的手続きを弁護士に任せ、宮川姓に戻った」と郁子は語る。

収容所を監獄と重ねる人は少なくない。「物資は豊富で絵本もいっぱいあり、子どもは疑問に思わなかった。しかし砂漠の中、鉄条網に囲まれ、四六時中、監視の目があった。今から思うと、目に見えない鎖につながれた不思議な空間であった」と郁子は振り返った。

十一　忠誠への踏み絵4　龍神好美

和歌山県日高郡美浜町の龍神好美は五歳から八歳まで、カリフォルニア州のマンザナーとトゥールレークの収容所で過ごした。「マンザナーでは園児だった。トゥールレークへ行くとき、またどこかへ引っ越すくらいにしか思っていなかった」。

二〇一六年二月九日、太地町公民館。龍神は在米太地人会百周年記念式典の帰国報告を兼ねたシンポジウムのパネリストを務めた後、インタビューに応じた。生誕の地、ターミナル島を七十三年ぶりに再訪。その緊張もあって寡黙だった米滞在中と一転、雄弁だった。龍神は一九四二年二月まで父、正治と母、蔦子の三人でターミナル島に暮らした。今も記憶にあるのはオルゴールの音色。「いとこの家で遊んでいると、夜の八時頃、アイスクリーム屋の車がオルゴールを鳴らしながら家の前を通りすぎて行った」。

龍神家とターミナル島との縁は、父方の祖父、初三郎（一八八三～一九八一年）に始まる。説明が長くなるが、お付き合い願いたい。

初三郎は美浜町で十人きょうだいの八番目に生まれ、日高郡からカナダへ出稼ぎに行く人に付いて横浜港からバンクーバーへ。十六歳のときだった。「祖父の三番目の兄が横浜にいたので、海外雄飛の夢を抱いたと聞きました」。

美浜町の中でも三尾地区（旧三尾村）は十九世紀末から二十世紀前半にかけカナダへ移民を送り出した。バンクーバー近郊の漁村、スティーブストンに渡った工野儀兵衛が、フレーザー河口を上るサケの大群に漁業の将来性を見て村人を呼び寄せたのが始まりだ。

工野は食料品店兼旅館を経営、移民たちの面倒を見た。定住した人たちは「加奈陀三尾村人会」をつくり、帰国した人たちは洋風の家を建て洋式の生活をした。移住先が米国との国境に近かったため、三尾村はいつしか「アメリカ村」と呼ばれるようになった。

初三郎は好奇心と度胸を発揮して船員と仲良くなり、船を降りる頃、片言の英語が話せたという。バンクーバーでは十八歳と偽り、職業斡旋所から労務手配を任された。三年ほどして心機一転、サンフランシスコでハウスボーイになった。

雇い主の娘の夫はカリフォルニア州選出の連邦議員になった。勤勉実直ぶりを見込まれた初三郎は夫妻に付いてワシントンへ行ったが、娘は東部の生活になじめず離婚、帰郷した。初三郎も見切りをつけた。

今度はロサンゼルス近郊のグレンドーラの農場で働き、そこで出会った和歌山県人の田端サワと結婚した。龍神にとって顔を知らない祖母である。サワは一九一二年四月に長男正治を産み、四年後には三人目を出産したが体調が悪化、二日後に母子とも死亡したからだ。

正治は四歳のとき、初三郎の実家に預けられた。旧制日高中学（現日高高校）へ進んだが病気で中退し、初三郎に呼び戻された。この頃、初三郎はターミナル島で漁船「ハッピー丸」のオーナーとして漁業を営んでいた。「父はサン・ペドロ高校を卒業すると祖父の船に乗った」。

正治は二十五歳のとき、七歳下の日系二世、蔦子と結婚した。「母の両親は日高郡日高川町出身の農業移民で、母はサトウダイコンの生産地、カリフォルニア州オックスナードで生まれた。幼い頃から両親の実家で暮らし、女学校を卒業後、父と結婚するため渡米した」。日米開戦前、初三郎はがんと診断され、死ぬなら畳の上だと最後の客船で日本へ帰った。「がんは誤診だったようで、祖父は九十八歳で大往生するまで明治、大正、昭和の激動の時代をたくましく生き抜いた。祖父のおかげで私たちの家族は日本に戻ることができた」。

ターミナル島を追い出された龍神一家はロサンゼルスの知り合いの家に身を寄せた。その後、集合センターのサンタアニタ競馬場に集められ、他の日系人と最初の強制収容所、マンザナーへ送られた。好美、五歳のときだった。

「軍用バスで連れられて行ったと思う。砂漠にバラックがたくさん並んでいた」。元島民は九〜十ブロックへ。「すき間から砂ぼこりが入って来るので部屋の床はざらざらしていた」。だるまストーブに折り畳み式ベッド、毛布、枕。裸電球の下で収容所の暮らしは始まった。「食事の時間になると、西端のメスホール（食堂）へ行き、朝食ならスコーン、ハムエッグ、ミルクなどをプレートに載せ、空いている席で食べた。初めの頃は行列ができていたが、そのうち並ぶ人が少なくなっていった」。

四三年春。龍神は幼稚園へ。園舎は収容所の西北に三棟あった。「担任は女性のミス・マスナー。背が高くてやさしい先生だった。幼稚園で友達が大勢できたから、毎日、楽しくて仕方なかった」。

ところが龍神が幼稚園へ通い始めて三か月経った頃、米政府は新たな隔離政策を発表した。日本への強制送還を撤回しない人、忠誠登録の「ノー、ノー組」など約一万二千人を九月中旬からトゥールレーク収容所へ移す、と。龍神一家は「ノー、ノー組」だった。

幼い龍神に何が起きたのか理解できるはずがない。「トラックを借りマンザナーから荷物を運び出す日、シエラネバダに記念登山した。車が行けるところまで行った。雪がかぶっていてきれいだった」。

トゥールレークでは収容者が約一万八千人まで膨れ上がった。高い塀が二重に築かれ、警備陣は一個大隊（約千人）に増強され、戦車六台が並べられた。小学校は国民学校と呼ばれ八校あった。新学期。龍神は第八国民学校に入った。「一年生からすぐ二年生に飛び級。教育ママの母のおかげ。午前中は英語を勉強、午後は日本語を習った」。

授業は日本の軍国主義教育だった。「国語の教科書は『サイタ　サイタ』で始まるサクラ読本。『四方節』（元日）や『天長節』（四月二十九日）には日本に向かって遥拝。明治節（十一月三日）では『♪アジアの東　日《ひ》出づるところ～』と意味もわからず歌わされた」。

「大人たちは悔しい思いがあったでしょう。しかし私にはいやな経験の記憶はない。有刺鉄線も監視塔も気にならなかった。でも収容体験は人生の大きなウエートを占めているのは確かです」

淡々と語る龍神に気負いは感じられなかった。

十二　忠誠への踏み絵5　チャーリー・浜崎

米国への忠誠を誓い強制収容所を出た人は少なくない。チャーリー・浜崎。アーカンソー州のローワー収容所の斡旋で木こりの仕事を得た。一日十二ドルは漁師の高給とは比べものにならないが、自由に勝るものはなかった。

忠誠登録が実施されたとき、浜崎は二十歳だった。兵役年齢だったが、一世なので兵隊にとられることはない。一世と二世女子を対象としたWRAの「仮出所許可申請書」の質問二十八項では「早く出たかったから忠誠のふりをし『イエス』と答えた」。

ふりとはどういうことなのか。「ビスマーク、サンタアニタ、ローワーとたらい回しされ、今度は忠誠を誓うかと問われて、ハイという気にはならない。赤ん坊のときターミナル島に戻り、天皇を知らないし関心もなかった。収容所を出ることばかり考えていた」。

木こりは力仕事だったが、若かったので苦にならなかった。英語を話せるので生活に支障はなかった。いちばん困ったのは雇い主だった。「米国は日本との戦争が始まってから日系人を収容所へ閉じ込めた。父と母もそこにいると言っても信じなかった」。

ミシガン州で働いていたある日のこと。「収容所にいる母親の体調が思わしくないので見舞いに行かせてほしい、と雇い主に頼むと、『オレをからかっているのか』と相手にされなかった。電話番号を教え掛けさせると、本当だとわかってビックリしていた」。

捕らわれの身から自由の身。「白人の若い男は軍隊に召集されていたから、どこへ行っても仕事にありつけた。軍需工場は女性ばかり。おかげでよくもてた。不謹慎と思うだろうが、これが戦時中の米国の現実さ」。

浜崎は南部や中西部で白人の差別から解放された気分になっていた。ところが、大きな間違いだった。一九四四年春のこと。「友達を訪ねて北西部アイダホ州のミニドカ収容所へ行く途中、白人たちの刺すような視線を感じた」。

アイダホ州はワシントン州やオレゴン州と接しており、反日感情の強いところだった。『ジャップか』と聞かれても『ミクロネシア人』『モンゴル人』などととぼけ、日本人であることを隠した」。

浜崎は友達に面会した後、アイダホ州の農場で三か月ほど働いた。トマトや玉ネギ、ビート、ジャガイモの収穫だった。「ジャガイモ掘りは辛かった。広い農場で腰をかがめたまま日が暮れるまでたっぷり作業が続き、早く解放されたかった」。

この頃、アイダホ州の農作業はマンザナー(カリフォルニア州)、アマチ(コロラド州)、ポストン(ネバタ州)、トパーズ(ユタ州)の収容所を仮出所した日系人で占められていた。

このため作業を監督、指示する白人農夫とのいざこざやけんかが絶えなかった。

浜崎も巻き込まれた経験があった。「ボクシングの経験があったからファイティングポーズをとると、相手は大概観念した。しかし、ある日の相手は違った。背負い投げしたら逆上し銃を突き付けてきた。ニューギニア戦線で負傷した帰還兵で、もうだめかと観念した」。浜崎はターミナル島の缶詰工場で働くフィリピン人からボクシングを教わり、「ターミナル島リング」クラブに所属していた。赤銅色の引き締まった体でファイティングポーズを取る写真が残っている。一九三九年頃の撮影とされ、サン・ペドロ高校二年のときだ。

農場でのけんかが自信になったのか、「キャスル・ハムサキ」のリングネームでボクサーデビュー。ファイトマネーを稼いだ。三ラウンド戦い、勝つと二十五ドル、負けても十七ドルもらえた。

「司会者は『ハマサキ』を『ハムサキ』としか発音できず、『ハムサキ』で通した。ボクがコーナーに追い詰められると、指笛が鳴り観客は喜んだ。黄色人種への差別だった。その度に『Chin up』（負けてたまるか）と自らを鼓舞した」。約二年間の戦績は三十八戦二十八勝十

ボクシングのファイティングポーズを取るチャーリー・浜崎さん＝1939年頃、ターミナル島

敗だった。

浜崎が放浪している間、父、太平、母、菊枝、長女、エミコ、次女、シズカ、三男、珍男子は「ノー、ノー組」としてトゥールレーク収容所へ移送されていた。長男、太実一はミネソタ州キャンプ・サベージの米陸軍情報部語学学校（ＭＩＳＬＳ）で日本語を教えていた。

十三　忠誠への踏み絵６　春藤ヨシオ

「命令があれば、どこでも戦闘任務に就く」。忠誠登録第二十七項の問いに「イエス」と答えた日系二世たち。志願をためらった者は少なくなかったが、徴兵制に切り替わると、命を懸けて戦場で米国への忠誠を示した。春藤美代子の夫、故ヨシオもその一人だ。

二〇一五年六月十九日、サン・ペドロの春藤宅。ターミナル島まで十分ほどの住宅街。あと五か月で九十歳になる春藤。夫を亡くし十一年になるが、パープルハート章など七個の勲章を居間に飾り、毎日、ほほ笑む遺影のヨシオにその日の出来事を報告する。

パープルハート章とは、作戦行動で死傷した米軍兵士に与えられるハート型の戦勝章。表は紫色。金色の縁取りを施し、中心に初代大統領Ｇ・ワシントンの胸像レリーフを配置する。

春藤への取材は三年ぶり。Ｆ・ルーズベルト大統領が一九四三年二月一日、日系志願兵で第四四二連隊戦闘部隊（通称四四二部隊）を編成すると発表した話は先に書いた。今回は同部隊に召集されたヨシオの戦時体験を春藤から聞くためだった。

春藤ヨシオ。一九二四年四月、ロサンゼルス東部のアップランドで、福岡県出身の農業移民の子として生まれた。忠誠登録は十八歳のとき。ワイオミング州のハートマウンテン収容所で審査を受け、米兵士として進んで戦闘任務に就くことを誓った。

ルーズベルト大統領が四四二部隊編成を決意するまで、四か月の時間を要したとされる。きっかけとなった大統領宛ての四二年十月二日付文書をＮＨＫが発掘し、二〇一七年三月十九日にテレビ放送したドキュメンタリー「失われた大隊を救出せよ」の中で紹介した。

「白人指揮官の下で戦う日系人部隊を編成する」という戦争情報局長官からの提案だった。日系人が米国のために戦いたいと〝志願〟した事実があれば日本のプロパガンダ（政治的意図をもつ宣伝）を弱め、米国が自由で開かれた社会だと世界にアピールできる、という。

当時、日本は米国を「人種差別国家」だと非難するラジオ放送を東南アジアで盛んに流し、「ルーズベルトは日系人を死の谷に追いやった」「これを正義と呼べるのか」と日系人の強制収容を問題にしていた。

大統領は日本の非難をかわすため、戦争情報局の提案を受け入れた。「有刺鉄線の転住センターから志願した日系人の部隊は米国精神の象徴だ。米国精神とは人種や先祖の問題ではない」などと、宣伝映画やニュースを通じて強調し、忠誠心をうまく利用した。

二月十一日、白人指揮官に率いられたハワイ選抜の約二千七百人と、各地の収容所から志願した約千二百人の日系人部隊が中西部、ミシシッピ州のキャンプ・シェルビーに合流した。四四二部隊の誕生だった。

当初、ハワイの志願者は千五百人の募集定員に対し、兵役年齢（十八〜三十九歳）の半分近い約一万人に上った。しかし収容所の志願者は約千二百人だった。ハワイでは定員枠を急遽千人余り増やした。

収容所の志願者が少なかったのは、命と引き換えに忠誠を誓わされた人々の割り切れなさだった。「親を残して行くのか」「戦死したら誰が面倒みるのか」との声に、二世たちは板挟みになった。ヨシオも志願を決めたが、周囲から引き留められ断念したという。

ハートマウンテン収容所の四三年三月までの志願者は、入隊資格のある千七百人のうちわずか四十二人。米政府は翌四四年一月、選抜徴兵に踏み切ったが、同収容所では公民権回復が先だと徴兵を拒否する二世が相次ぎ、六十三人が逮捕され連邦刑務所へ送られた。

ヨシオは召集令状を待って四四二部隊に入隊した。キャンプ・シェルビーで長期野営、寒冷地と雨中での戦闘、食事抜き、不眠不休の行軍など約四か月にわたる過酷な訓練が待っていた。

イタリア戦線でハワイ出身の日系兵士たちが激闘している頃だった。

ハワイでは日本軍の真珠湾攻撃後、二世兵士の採用は中止された。しかし「米国のために戦う」という二世兵士たちの軍上層部への働きかけが奏功し、四二年六月五日、千四百三十二人が米本土ウィスコンシン州のキャンプ・マッコイへ送られ、第百大隊と命名された。

同大隊の移送はミッドウェー海戦の直前、極秘裏に行われた。ハワイで日系兵士の一部が日本軍に呼応して反乱を起こすかもしれない。こんな疑念があったに違いない。兵士たちはホノルル湾に停泊する商船「マウイ号」に乗せられた。

同大隊はキャンプ・マッコイで八か月間の訓練を受けた後、キャンプ・シェルビーへ移動。半年余りの訓練を経て、北アフリカ戦線行きを命じられた。四三年九月二日、アルジェリア・オラン港に着き、第一三三連隊に編入された。

イタリア軍はすでに敗走。連合国軍と休戦協定を結び、枢軸国から離脱した。代わってドイツ軍がイタリアを制圧した。同大隊はイタリア西岸サレルノ上陸、ドイツ軍との戦闘で初の戦死者を出した。

同大隊は四四年三月までイタリア半島を攻め上る連合軍の先頭に投入され、多くの戦死者を出した。兵力は千三百人から五百二十一人まで減り、命と引き換えたパープルハート章は九百個に上った。

四四二部隊は六月、イタリア・ナポリに上陸後、同大隊を編入した。九月、フランスのアルザス、ロレーヌ地方にまたがるボージュ山脈の森から、ドイツ軍に包囲された「失われた大隊」の救出作戦に投入された。

「Go For Broke（当たって砕けろ）」。四四二部隊は単独で山中に入り、六日間にわたるドイツ軍との死闘の末、アラモの戦いで知られるメキシコからの独立戦争の勇士たちを祖とするテキサス州兵「第一四一歩兵連隊第一大隊」を救い出したのだ。

この決死の救出劇は米国内の新聞やラジオで大きく報道され、日系人の地位を引き上げたとされ、今日まで語り継がれている。だが、二百人余の救出に八百人の死傷者を出し、その代償はあまりにも大きすぎる。

四五年三月、再びイタリア戦線へ。ボージュでの死傷者を補うため、キャンプ・シェルビーから千二百人余の補充兵が送られた。その中にヨシオもいた。

北部山岳地帯の切り立ったアペニン山脈の頂上付近にドイツ軍が築いた「ゴシック・ライン」と呼ばれる要塞を粉砕して一帯を奪う。四四二部隊の新たな任務だった。たくさんの犠牲を伴った。

四月五日。二十二歳の上等兵サダオ・ムネモリが敵の手投げ弾に覆いかぶさり仲間を助けたことをヨシオは耳にした。約二週間後の十八日から二十二日の戦闘で、ヨシオは敵の銃弾を受けて意識不明になった。野戦病院に担ぎ込まれ、けがが治ると戦場に戻ったという。

四四二部隊はたくさんの戦闘にその名を残して帰還した。七月五日、トルーマン大統領はホワイトハウスの庭で兵士たちを称えた。「君たちは敵と戦っただけでなく、人種差別とも戦った。そして勝ったのだ」。

ロサンゼルス、リトル・トーキョーの一角に半円形の記念碑「ゴー・フォー・ブローク」がある。一万六千人余の日系二世兵士の名前が刻まれている。モニュメントの周りを歩くと、言葉にならない思いがわき上がって来た。

春藤は生前のヨシオについてこう語る。「四四二部隊にいたことを自慢する人もいたが、主人はあまり話したがらなかった」。若い兵士たちの血で染まった戦場をくぐってきたヨシオの心の闇は深かったのだろう。

日系兵442部隊の記念碑「ゴー・フォー・ブローク」。春藤ヨシオの名前も刻まれている＝2012年8月22日、ロサンゼルス

十四　忠誠への踏み絵7　浜崎太実一

米陸軍情報部語学学校では、日本語の語学兵を養成した。多くは日系二世たちだった。彼らは卒業すると太平洋の戦地で日本兵捕虜の尋問、日本語文書の英訳、暗号解読などに携わり、終戦後はＧＨＱの一員として占領下の日本で働いた。

中国春秋時代の軍事思想家、孫子は戦の極意書『孫子の兵法』を著した。「なるべく戦わずして勝つ」ことを推奨する。その最善の策として「諜報」を説いている。

―彼《か》を知り己《おのれ》を知れば、百戦して殆《あや》うからず。

欧米人にとって日本語は実に難解だ。語学兵となった日系二世たちは日本語も英語もよどみなく話し、日本の伝統、日本人の考え方や気質を理解し、漢字や平仮名、カタカナの交じる文書を英語に訳すことができる能力を備えていた。

頼もしい若者たちは収容所の中にいた。日本で教育を受け、生活習慣などを肌で知る「帰米二世」、一世たちが開いた日本語学校や親子の会話を通し日本語が堪能な「純二世」たちだった。忠誠審査の「ノー、ノー組」はもちろん除外された。巽幸雄がそのいい例だった。

米陸軍は日米開戦に備え、語学兵養成を決断。一九四一年十一月、サンフランシスコ・プレシディオの陸軍飛行場内に日本語学校を開いた。ジョン・Ｆ・相磯を校長に日系二世の教師四人が日本語辞書や文法書などを元にカリキュラムを組み、六十人でスタートした。五十八人は千三百人から選ばれた日系人、二人は日本に住んだことのある白人だった。

授業科目は日本語の会話や翻訳の基本から日本史、地理、「候《そうろう》」などを使う文語体や草書の読み方、軍事用語、方言、尋問テクニックまで。日中七時間、補習二時間のハードスケジュールだったという。

四二年五月、軍事地域からの日系人排除に伴い、学校もミネソタ州キャンプ・サベージに移転。情報部直属（Military Inteligence Service Language School 通称ＭＩＳＬＳ）に格上げされた。

六月から陸軍の日本語試験に合格した二百人が校門をくぐった。この間、最初の卒業生三十五人がガダルカナルやアリューシャン列島の戦地へ赴いた。日系二世兵士の採用中止中でも語学兵の募集は随時行われた。

帰米二世、浜崎太実一は四四年夏からＭＩＳＬＳの講師を務めた。チャーリー・浜崎の八歳上の兄で、旧制新宮商業学校（現和歌山県立新翔高校）の卒業生。日本語能力は高かったが、軍隊で上官によく反抗したため、ＭＩＳＬＳに採用されるまで時間を要したという。

太実一は一九一四年の元日、ロサンゼルス北東のパサディナで生まれた。母、菊枝は大きなおなかを抱え、カレッジフットボールに花を添える恒例のローズ・パレードを見物に行き、帰宅直後に太実一を出産した。

両親は農場主の使用人（ガーディナー）として住み込み、雨露をしのぐだけの粗末な小屋が与えられた。太実一はランプの灯の下で助産婦に取り上げられた。婿養子の家に男児が生まれたとあって父、太平は古いフォードを走らせ、長男の誕生を知らせて回った。

その後、両親はターミナル島に移住。父は漁師、母は缶詰工場で働いた。太実一は小学生のとき、三人の弟や妹と和歌山県の祖父母に預けられ、大正末期から昭和初期の約十年間、日本の教育を受けた。米国に戻るとサン・ペドロ高校に入り直し、卒業後、漁師になった。真珠湾攻撃の八か月前、四一年三月、太実一にも陸軍から召集令状が来た。サン・ペドロのフォート・マッカーサー兵営に出頭せよとの命令書に「身体検査は最上の1―A。おめでとう」と添えてあった。

太実一が向かったのはウィルミントン徴兵局だった。「おれには両親を養う義務がある」と徐役許可を願った。申し出は却下されたが、六十～九十日以内の延期が認められた。そのままメキシコ沖へ漁業に出た。戦争前だったのでのんびりしていた。

漁から戻った太実一は六月、フォート・マッカーサー兵営に入った。自宅の夕食はご飯、みそ汁、イワシの丸焼きだが、屈強な兵士を養成する兵営の食堂は肉、魚など何でも食べ放題だった。ターミナル島とは目と鼻の先でこんなにも格差があるのかと目を丸くしたという。

開戦後、太実一はテキサス州フォートサムヒューストンに転属になり、四四年まで留め置かれ、ＦＢＩ係官が時折やって来て監視したという。「海軍を志願したが認められず、漁師が陸軍かと思い出しては怒っていた」とチャーリー・浜崎は兄から聞いた話を披歴した。

四四年八月、ＭＩＳＬＳはミネソタ州キャンプ・サベージから州内のフォート・スネリングへ移転した。ようやく太実一にチャンスが回って来た。語学兵ではなく講師の口だった。

教壇に立った太実一は語学兵たちに日本語、日本の伝統文化、日本人の気質などのほか、白人からのいわれなき差別によって米国籍を得ることができない一世たちの苦労も語って聞かせたという。

戦地へ送られる語学兵たちに太実一はよく言った。「この戦争は米国が勝つ。君らは日本人の血を引いていることを忘れず、誇りを持って任務に当たれ。日本が滅びる前に戦争を早く終わらせなければならない。生きて帰れ」。

しかし、太実一は反骨精神を封印できず降格処分を受けたことがあった。「兄は退役後、ミネソタ大学、天理大学、南カリフォルニア大学（ＵＳＣ）で学んだ。筆が立ちロサンゼルスの日本語新聞『羅府新報』からよく寄稿を頼まれた」。

浜崎太実一は一九八一年から九三年まで羅府新報に「木曜随想」を執筆した。その記事と、チャーリー・浜崎へのインタビューをもとにこの項を構成した。

第五章　それぞれの出発

一　ＭＩＳＬＳ入校　筒井直治

一九四五年八月十五日、日本の無条件降伏で戦争は終わった。日系二世、筒井直治《つついなおじ》はコロラド州グラナダのアマチ収容所を出た後、ミネソタ州キャンプ・サベージの米陸軍情報部語学学校（ＭＩＳＬＳ）へ入校した。

当時、ＭＩＳＬＳは日本に進駐したＧＨＱの占領政策の手足になる語学兵を必要としていた。「日本は戦争に負け混乱していると収容所の新聞で知った。父や母の生まれた国の復興に役立ちたいと語学兵を志願した」と筒井は入校の動機を語った。

二〇一五年六月十九日。筒井は春藤美代子の家で三年ぶり二度目のインタビューに応じてくれた。筒井は毎年六月、ブエナ・パークのジョージ・ベリス公園で開かれるターミナルアイランダーズのピクニックにデンバーから参加、幼なじみの春藤の家に泊めてもらう。

「ターミナル島ではミヨコの家の近くに住み、兄妹のように過ごした。サン・ペドロの中学、高校へも一緒に通った。みんな年を取ったが、ピクニックはミヨコや当時の仲間に会えるのが何よりの楽しみ」

筒井は一九二四年九月二十五日、ターミナル島で太地町出身の父、直吉、母、とりの長男に生まれた。父は漁師、母は缶詰工場で働いた。しかし父は筒井が五歳のとき死んだ。

母は直治を親戚に預け、知り合いを頼ってカリフォルニア州モントレーへ働きに出た。開戦の翌年二月、筒井はターミナル島を追い出され、アーカンソー州のジェローム収容所へ送られた。高校二年生のときだった。その後、アマチ収容所へ移された。母がモントレーで再婚した義父の小石ケンキチとアマチ収容所にいたからだ。

収容所を出て入学したＭＩＳＬＳでは約半年間、日本語の基礎をみっちりたたき込まれた。卒業後の派遣先は望み通り日本だった。東南アジアに抑留中の日本兵捕虜の尋問に立ち合い、帰国させるのも語学兵たちの仕事だったからだ。

シアトル港を米軍の船で出発、東京湾に着いた。座間や厚木の米軍キャンプで通訳の仕事をしているとき、フィリピンへの異動命令が下った。「日本兵捕虜を早く帰還させなければならない。諸君はその大事な任務を負っている」。上官の訓示だった。

マニラ近郊の連合軍捕虜収容所では将校から兵隊まで旧日本軍の捕虜が大勢、取り調べの順番を待っていた。胸と背に『ＰＷ（Prisoner of War）』（戦争捕虜）の文字を記した迷彩柄のつなぎを着ていた。

取り調べは連日、続いた。尋問官は日本兵に氏名、階級、捕虜になるまでの行動を聞き、筒井が日本語に訳し伝える。日本兵は雑談には応じるが、上官ほど肝心なところははぐらかす。「いちばん苦労したのは原住民への残虐行為、連合軍捕虜への虐待の裏付けだった」。

戦犯と釈放は紙一重。命令者から実行者まで残虐な行為、虐待に関わった者はＢ、Ｃ級戦犯としてマニラ近郊モンテンルパのニュービリビッド刑務所に収監された。二〇一七年六月二十二日、現地を訪ねた。コンクリートの建物や塀が近寄りがたい雰囲気を醸していた。

筒井は五百人以上の日本兵と尋問官のやりとりを通訳したという。「兵隊はすぐ日本へ帰された。下士官か将校か忘れたが、『日本人の顔をしているのに英語を話し、敵（米軍）のために働くとはけしからん』と、ののしられたときは悲しかった」。

一方、酒に酔っぱらった白人米兵から「ヘイ、〝ジャップ〟」とみんなの前で差別言葉を投げかけられたこともあった。なかには「リメンバー、パール・ハーバー」と悪態をつく輩もいたという。

「家族や仲間を日本軍との戦闘で亡くした白人米兵も少なからずいた。彼らの憎しみが捕虜と肌の色、顔つきが同じわれわれ日系二世に向いたとしてもおかしくない。いまだから受け入れることができるが……」

当時は若く腹を立て、一か月ほど仕事をサボタージュしたことがあったという。「日本兵捕虜のところに行くと、彼らが調理する日本食を食べさせてくれた。ターミナル島でよく食べた漬物も出た。おふくろの味がして懐かしかった」。

筒井は一生懸命、仕事をしても昇進できなかった。軍隊になじめず約一年で帰国、カリフォルニア州サクラメントで除隊した。夏祭りの日、美代子と再会した。「日本やフィリピンからミヨコに何度も手紙を出したが、返事はなかった。会えるとは思ってもみなかった」。
除隊後、母のいるデンバーへ。軍隊勤務の間、母は自ら人生を切り開いていた。「収容所を出ると、デンバーで義父とホテル兼日本食レストランを始めたが、義父を亡くした。太地町から叔父を呼び、農家から野菜を仕入れスーパーに卸す仕事を始めたところだった」。

幼い頃から母と離れ離れに生きて来た筒井だったが、すべてを受け入れ母を助けることにした。初めての親孝行だった。十七年ほど手伝い、この間、結婚し二男一女を授かった。家族を養うため自立、ユナイテッド航空の整備部門に転職した。六十六歳まで給油係を勤め、定年退職した。

筒井がデンバーにずっと住み続けたのは「日系人へのまなざしが穏やかだったから」という。

開戦後、日系人をコロラド州に受け入れた州知事ラルフ・カー。「デンバーで幸せな人生を送れたのはカー元知事のおかげ」と両手を合わせ感謝の意を表した。

米陸軍語学兵として日本兵捕虜の通訳をした筒井直治（中央）＝2015年6月14日、ブエナ・パークのジョージ・ベリス公園

二　カスタムデザイナー　春藤美代子

春藤美代子はアリゾナ州のポストン収容所を出ると、カスタムデザイナーとして一歩を踏み出した。収容所でクラスメートからもらったブラウスがデザイナーを志すきっかけになった。このブラウスを宝物として今も家に飾り、歩んできた長い道を振り返る。

二〇一五年六月十九日、サン・ペドロの自宅。「ほら見て」と春藤はブラウスを手に持って胸に当てた。赤や青い糸で日付や名前が刺繍されている。May 1942 Yuki, Tommy など。「全米日系博物館から寄贈を頼まれたが、丁重に断った」。

時計の針を遠い日に巻き戻す。

ターミナル島に生まれた春藤がポストン収容所に隔離されるまでを少し書いておく。米国育ちの純二世だが、一度だけ日本へ行った経験がある。一九四〇年八月、漁師だった父、東常吉が急逝したため、母、志まの、二歳下の弟、和久と太地町の墓へ納骨に行った。十五歳のときだった。

生まれて初めて見る父母のふるさと。「前は海、後ろは山。にぎやかなサン・ペドロの街とは違う静かな漁村だった。ここがパパとママの育ったところなのかと思うと感慨深かった」。

南紀の漁村にも戦争の足音が聞こえて来た。春藤は勇ましい標語のポスターなどに息苦しさを感じていた。滞在一年余り、米国に戻ることになった。「戦争になったらターミナル島の二人の兄（長男正太、次男年二）はどうなるか。母はトランクに荷を詰めた」。

米国への最後の客船「龍田丸」に間に合った。四一年十月中旬、横浜港から乗船した。三十日、サンフランシスコに着いた。「疲れていたのでサンフランシスコに泊まり、翌日、ターミナル島に戻った。ハロウィンの日だったからよく覚えている」。

日米開戦。翌四二年二月、ターミナル島からの退去命令が出ると、カリフォルニア州中南部ベーカーズフィールドで農業を営む父の親類を頼った。春藤、母と弟の三人は五月にポストン収容所へ送られ、二人の兄は兵隊に行った。

春藤と弟は収容所の高校、中学へ通った。「私も弟も米市民なのに何で砂漠の中に閉じ込められるの。忠誠登録を求められたとき、裏切られた気持ちになり、

ポストン収容所でクラスメートからもらったブラウスを今も大切にする春藤美代子さん＝2015年6月19日、サンペドロの自宅

悔しさが込み上げてきた」。

バラックの教室で机を並べる仲間とのふれあいが、春藤の悲しい気持ちを和らげた。クラスメートの名前を刺繍したブラウスは友情の証しであった。「きょうから仲間。決して一人ではないから」。

四四年九月、春藤は母や弟と収容所を出た。戦争は続いていたが、間もなく米陸軍省は立ち退き命令を撤回。ＷＲＡの出所許可が出た日系人は古巣の西海岸へ戻ることができた。一家は母の友達を頼ってカリフォルニア州モントレーへ行った。

「母は日系人が経営する鮮魚店で働き、私と弟を食べさせた」。戦争が終わると母は復員してきた兄や弟とサン・ペドロへ移った。春藤は手に職をつけて自立したいとサンフランシスコのカスタムスクールへ入校した。

春藤は一年半ほど服飾デザインを学んだ。コートを卒業作品に決め、ダークグリーンのウール地とスエードを使った短い丈のコートを作った。「昔から洋服が好きだった。女一人のきょうだいなので戦争前はいつも新品の服を買ってもらった」。

卒業後、ロサンゼルスに住まいを移し、高級邸宅が並ぶビバリーヒルズのブティック「キング・オブ・カリフォルニア」に勤めた。「ユダヤ系米国人の女性がオーナーだったが、服飾については全くの素人。デザイナーの腕を十二分に振るったわ」。

ふだんはセレブが持ち込む衣服のリフォーム。「金持ちほど倹約家ね。ロングスカートをミニスカートに新品と変わらないよう仕立て直す。これが腕の見せどころ。ハリウッドの映画女優の服をデザインして仕立てたこともある」。

平日はデザイナーとしてバリバリ働き、週末は母と兄の住むサン・ペドロの家で過ごした。実家によく遊びに来ていた兄の友達、春藤ヨシオと出会い、四九年十月に結婚した。美代子二十三歳、ヨシオ二十五歳のときだった。

夫から妻への贈り物は洗濯機だった。「男ばかりの中で育ち、お母さんが泥だらけの服を手洗いする大変さを知っていたからだと聞いた。料理、掃除、アイロン掛けなど、よく家事を手伝ってくれた」。

戦争が終わって四年余り。日系人への風当たりはまだ強く、正規の仕事はなかった。五三年十一月三日。長男ドナルドが生まれた。ヨシオはロサンゼルス港の港湾局に嘱託で採用された。春藤はデザイナーの仕事を辞めて子育てに専念した。

ヨシオは定年を迎える頃、勤勉実直さが評価を得てメンバーへの声が掛ったが「若い人に」と辞退。メンバーシップを断った唯一の男と評判になった。「手柄をひけらかしたり自慢したりしなかった。九州男児の血を引いていた」。

二〇〇四年二月二十八日、「ありがとう」を最後の言葉にヨシオは逝った。享年七十九。「あのとき龍田丸に乗らなかったら別の人生を歩んでいた。米国に戻ってから辛いことはいっぱいあったが、夫と出会ったおかげで楽しい人生を送らせてもらった」。

三　独立して食料品店経営　巽幸雄

巽幸雄がカリフォルニア州のマンザナー収容所を出たのは一九四五年九月のことだった。母、ひな、妻、千恵、一歳六か月の長女、幸子・ジニーを伴い、来たときと同じくトランクを両手に提げマンザナーを後にした。収容所からもらった汽車の切符と二十五ドル、向かった先はロサンゼルスだった。

ロサンゼルスのユニオン駅では巽の知り合いが一家を迎えてくれた。ダウンタウンのリトル・トキョーから少し東のボイル・ハイツに落ち着いた。一九九〇年代、ラテン系、メキシコ系の新しい移民の受け入れ先として発展した。五〇年代までは日系人も多く住んでいた。

巽が真っ先に訪れたのはターミナル島だった。「どうなったのかずっと気になっていた」からだ。目の前の光景に愕然とした。住宅、缶詰会社の社宅、商店、食堂、学校など建物は跡形もなかった。「米軍がブルドーザーで取り壊したと聞いたとき、腹が立った」。

しばらくしてＷＲＡがロング・ビーチに仮住居として用意した陸軍の施設へ入居した。大変だったのは仕事探しだった。戦争が終わったばかりで失業者があふれ、日系人まで仕事は回って来なかった。

巽はGHQが翻訳係を募集しているのを知り、ロサンゼルスで受験した。日本の新聞社説を英訳する問題だった。約百人の中から巽ともう一人が最終選考まで残ったが、巽は採用されなかった。「忠誠登録でノーと答えたのが尾を引いていた」という。

仕方がないので元の漁師に戻った。ターミナル島時代の仲間とモントレーでイタリア人の船でカリフォルニア沿海のイワシ漁に出た。その後、ロング・ビーチでマグロ漁船に乗り、メキシコやパナマまで出かけ、コスタリカで水揚げしたこともあった。

メキシコで漁をしているときだった。短波無線で知らせがあった。千恵が長男を出産したとの朗報だった。「名前を相談されたが、うれしさのあまり興奮して『長男やから一郎でいい』と応えたら、妻はメル一郎と名付けた」。四八年六月五日のことだった。

月給は沿岸漁業で七百五十ドル、遠洋漁業だと千ドルもらえた。巽は貯金をはたき五三年、ロング・ビーチにマイホームを購入した。この間、戦前、弟と世話になった伯母（母の姉）への恩は片時も忘れず毎月、仕送りしたという。

漁師に見切りを付けるときが来た。静岡県産の安いツナ缶が米国に入って来るようになると、マグロの価格が急落した。巽は漁船を下り、ロサンゼルス近郊のブエナ・パークの食料品店で働き始めた。

戦前、旧制新宮商業で学んだ簿記や会計の知識が役立ち、野菜部門を任された。農家との仕入れ交渉から野菜の目利き、消費者の好み、売れ筋、買い物客の目を引く野菜の並べ方など、すべてを身につけた。

四年後の五七年に独立し、ロング・ビーチ、サンタフェ通り沿いの日系一世が経営するムラカミ・マーケットを買収、弟と「オリエンタル・フード・マーケット」を開いた。書道も始めた。「大売出し」「○○産」などの文字を書くためだった。書は後に特技になった。

店は繁盛した。「GHQの軍人・軍属らと結婚して米国に来た日本女性が店の周辺に住んでいた。日本食恋しさによく買いに来てくれた「母も毎日店を手伝い、正月の一週間以外休みなし。本当に父母はよく働いた」と長男、メル一郎は当時を思い出す。

八〇年代。広い駐車場を備えた日系スーパーが進出、個人商店を圧迫し始めた。六十の坂を越えていた巽は見切りをつけ、ロサンゼルス市内にオープンしたライスセンターに職を得た。八三年のことだった。六年後、別の日系企業に勤め、九四年に七十七歳でリタイアした。

巽が「ようやく報われた」と喜んだ出来事がある。九七年七月、プロ野球メジャーリーグ「ロサンゼルス・ドジャース」の本拠地であるドジャース・スタジアムに往年のNB（二世ベースボール）十三人が招かれた。巽はその一人だった。七十六歳のときだった。

五万六千人を収容できる球場は満席。目を凝らすと日本人の顔が多い。それもそのはず、ドジャースの主戦投手となった野茂英雄が登板するからだ。試合開始が迫るなか、場内アナウンスが流れた。

「きょうは往年の『二セイベースボールプレーヤー』たちがスタンドにいます。彼らは戦前、野球に情熱を注ぎ、戦争でプレーを断念しなければならなかった。彼らを招待できたことを誇りに思う」。一瞬静まったスタンドから大きな拍手と歓声が上がった。

「十三人はかつてのいろんなチームから選ばれた。ぼくはスキッパーズを代表して出席した。戦争で日本遠征が消えた五十年前の悔しい思いが報われた気がした。野茂投手と一緒に記念写真を撮らしてもらった」。巽の顔がもっともほころんだときだった。

二〇一四年秋の叙勲で旭日双光章を受章した。授章理由はターミナルアイランダーズの副会長、会長を長年務め、日米友好親善と相互理解に尽力し、書家として米国書道研究会の役員として日本文化の紹介と普及への貢献だった。

四　テクニカルジュニアカレッジ　チャーリー・浜崎

チャーリー・浜崎はカリフォルニア州北部のトゥールレーク抑留所で戦争終結、日本の敗戦を知った。ＷＲＡ管理の収容所から司法省管轄の抑留所となって久しく、忠誠登録の「ノー、ノー組」や市民権を放棄し日本への帰国を望む人たちが大勢いた。

「日本が戦争に負けることは薄々、わかっていた。白人の日系人への視線は鋭く、国内をふらふらしていたら身に危険が及ぶと考え、親きょうだいがいるトゥールレークへ駆け込んだ」

浜崎の父、太平と母、菊枝は「死ぬなら畳の上で」と日本への帰還を望んだ約四千七百人の一組だった。一九四五年十二月二十九日、米引き揚げ船第三船「ジェネラル・ゴードン」号に乗り、オレゴン州のポートランド港から日本へ。米からの引き揚げは後述する。

浜崎は両親を見送り抑留所を出ると米軍へ入隊した。日本生まれの浜崎は「軍人になると市民権（米国籍）を得られる。日本語通訳として日本に赴任できたら、両親にも会えると考えた」。幸い、配属先はカリフォルニア州モントレーの米陸軍語学学校だった。

ミネソタ州の語学学校は四六年六月に閉鎖。浜崎が入校したのは現国防総省外国語学校の前身にあたる。毎日午前八時から午後四時まで、夜間は三時間の補習があった。訓練期間は半年間だが、日本語か英語の不十分な生徒は一年に延期。浜崎は九か月間、特訓を受けた。

なぜ父母と日本へ行かなかったのか。「日本は戦争に負け、ＧＨＱの占領下。合衆国の中国人やフィリピン人は市民権を得ていた。日本人も市民になれる時代が来ると思った。高校の授業で習った米国の建国精神や民主主義に望みをかけた」。

浜崎は兵役中、スポーツで頭角を現した。ボクサーの経験もあったが、水泳が得意だった。自由形、平泳ぎ、バタフライで学校のチャンピオンになった。四八年に開催が決まっていたロンドン五輪への出場をめざした。

国内予選に出たが、優秀な選手がたくさんいた。歯が立たず、米国は広い国だと痛感した。ちなみにロンドン五輪で水泳競技は、男子は百メートル自由形など六種目、女子は同自由形など五種目が行われ、米国は男女で金、銀、銅メダル十五個を獲得、優勝した。

五輪の夢は消え、浜崎は百五十ドルの報奨金をもらい除隊した。しばらくガーデナーで食いつなぎ、米国人オーナーの「コロンビア号」に乗った。百五十トン、六台の冷凍庫を備えた当時としては大きい漁船だった。

四九年から五二年まで、三十人の仲間と中南米へ漁に出た。コスタリカ、パナマ、コロンビア、ペルー沖の漁場にマグロ、カツオの群れを追い、九月から十二月は巻き網でイワシ、サバを獲った。

「乗組員は多種多様。イタリア人、クロアチア人、スロベニア人がいた。給料はガーデナーの三~四倍、年間一万三~五千ドルもらった。海の上では使うことがないからすべて貯金した」

コスタリカは漁船の中継地だった。プンタレナスで魚を水揚げした後、漁師たちは街へ繰り出す。浜崎はアメリカンバーの常連客だった。「シケのときは海が荒れて漁に出られない。停泊中の外国貨物船の乗組員を大勢、案内して飲み代を浮かせた」。

遠洋漁業の最中、悲報が届いた。母が亡くなったのだ。「語学学校を出て日本へ行く夢はかなわず、親の死に目にも会えなかった。だが、母が死んだのは朝鮮戦争が始まった頃で、語学学校の仲間が大勢戦死したことを後から知った。ボクはつくづく運のいい男だと思う」。

マグロ漁に陰りが見えて来た。浜崎は漁船を下りて技能者養成短期大学に入った。「日本から安いツナ缶が入って来るようになり、マグロの価格は一トン二百五十ドルが百三十ドルまで暴落。手に職を付けることを考えた」。

浜崎は退役軍人なので復員軍人援護法（G・I・BILL）の制度を利用する資格があった。毎月七十五ドルの奨学金と道具が国から支給され、板金塗装を学んだ。二年のカリキュラムを一年で仕上げ、自動車専門の塗装会社「ハリーマンカンパニー」と技術契約した。時間労働ではなく技術で勝負する契約を選んだ。浜崎の取り分は五十パーセントだったというから相当腕がよかった。会社は米大手自動車メーカー・ゼネラルモーターズのシボレーを専門に扱い七十六歳まで働いた。

この間五二年六月、日本人などへの差別条項を撤廃した移民帰化法案（マッカラン・ウォルター法案）が連邦議会を通過。日系一世、浜崎はようやく米市民となった。

元日系一世。今はアメリカ市民として妻文代さんと老後を送るチャーリー・浜崎さん＝2012年8月22日、ロサンゼルス市内の自宅

五　朝鮮戦争を体験　藤内稔

藤内稔は一九四五年九月二十七日、両親、姉、弟とコロラド州グラナダのアマチ収容所を出た。収容所から支給された二十五ドルと汽車の切符を握りロサンゼルスへ向かった。父源五郎が戦前、食料品店を経営していたときのパートナーで親戚でもあった家に身を寄せた。

ロサンゼルスの街には大戦勝利の余韻が残っていた。長い列車の旅を終え、駅の外に出たとき「ようやく自由を実感した」と藤内。ライフル銃を構えた兵隊はおらず、多種多様な人であふれ返っていた。

父と母、とよねは、収容所でボイラーマン、食堂の皿洗いをして得た蓄えをはたき、小さな借家を見つけた。「父は六十に手が届く頃だったが、平日はガーデナー、週末は食料品店でアルバイトした。母は洋裁・デザイナーの仕事をした」。

「父と母は『収容所で三年半も遊んだからその分を取り戻さなきゃ』と休みなく働いた。半年後、マイホームを手に入れた。父が持っていた株が値上がりし、それを売って購入資金に充てたと聞いた。子どもを安心させるための方便だと思った」

藤内は高校二年生だった。収容所の高校に通ったが、ロサンゼルスではドーシー高校へ入った。「家計が心配で小遣いをもらわなかった。ある日、父がハンバーガーを買って来て『遠慮しないで食べろ』と気遣ってくれた。あのときの味は今でも忘れられない」。

高校を卒業後、家計の足しにとアルバイトに精を出した。元教師の母は大学進学を勧めた。名門ＵＣＬＡ（カリフォルニア大学ロサンゼルス校）に合格したが、一年半で中退した。「勉強が好きじゃなかった。母はがっかりしていたと後から知った」。

米国は戦後、徴兵制をやめたが、東西冷戦が始まると復活した。一九四八年、選抜徴兵法が成立。藤内にも召集令状が来た。五〇年六月、朝鮮戦争が勃発すると、衛生兵として日本へ派遣された。

国連軍の司令部も兼ねていた米軍キャンプ座間（神奈川県）、キャンプフジ・マックネア（山梨県）に駐屯した後、五〇年一月、キャンプ・ホーゲン（青森県八戸市）へ。「北朝鮮、ロシアからの侵攻に備えた基地だった。街で耳にするズウズウ弁にはお手上げだった」。

五二年二月、横浜港から朝鮮半島の仁川（現韓国）に上陸し、ソウル北東の春川へ。韓流ドラマ「冬のソナタ」の舞台になったところだが、当時は朝鮮戦争の激戦地だった。藤内が駐屯した頃、休戦会談が断続的に開かれていたが、常在戦場だった。

半年たった八月、五日間の休暇がもらえた。日本へ行き、東京・渋谷の祖母を訪ねた。祖母の養女になった姉、瑞葉とも再会した。二十八年ぶりだった。渋谷も空襲に遭ったが命を長らえた。姉は戦後、東京ガスの通訳を務め、音楽教師の夫と結婚し幸せな家庭を築いていた。

日本は四月にサンフランシスコ講和条約が発効。連合国による占領は終わり、国内は朝鮮戦争による特需景気に沸いていた。「東京に居ても韓国に駐留する仲間が心配だった。米国にいる母には『一線を退いたから安心して』とうその手紙を書いた」。

藤内には母と同じくらい気がかりな人がいた。のちに結婚する三歳下の日系二世、遠藤ミツコだった。親はカリフォルニア州モントレー近くのサリーナスでレタス栽培の会社を経営していた。ロサンゼルスのダンスパーティーで知り合って四か月後、朝鮮戦争が始まった。

そのとき藤内は派兵が決まったことをミツコに告げ気遣った。「戦死するかもしれない。待ってくれなくていいよ」。ミツコは「ミン（藤内稔の愛称）らしくないわ。いい奥さんになれると思うわ」。稔二十一歳、ミツコ十八歳のときだった。

東京での休暇を終えて春川に戻った。戦闘に参加しなくても、生死は天に預けるしかなかった。五二年十一月、除隊になり帰国。復員兵援護法に基づき退役軍人に奨学金が出た。翌年二月、ロサンゼルス・シティー・カレッジ（ロサンゼルス市立短期大学）商学部に入った。「やっと勉強する気になった。成績は最上位のA。短大を卒業するとかつて中退したUCLA商学部に再入学した」。五五年九月、UCLAを卒業すると、会計事務所で簿記係として働き始め、主に会計や管理職分野でのキャリアを積み上げ、八七年にリタイアした。

ミツコと結婚、三人の子どもに恵まれ、悠々自適の老後を迎えたかにみえるが、周りの人たちは勤勉実直、誠実な藤内を必要とした。藤内は社会活動へも積極的に関わった。

一九七四年。サンフランシスコのミヤコホテルで開かれたアマチ日系人強制収容所体験者の集まりに参加した。仲の良かったジョージ・サイキと再会し、現地を慰霊訪問する話がまとまった。藤内、四十五歳のときだった。

その頃、戦時中の日系人強制立ち退き・収容に対する不正義をただし、補償を求めるリドレス運動が芽生えていた。同年、ＪＡＣＬ（日系米国人市民協会）全国大会で「全米補償請求委員会」が生まれた。八〇年代に米政府から補償を勝ち取る。この件は別章で詳しく書く。

藤内とサイキが企画したアマチ収容所訪問は翌七五年に実現した。コロラド州スプリングスに全米各地から約六百人が集合。九台のバスに分乗し約三時間かけて収容所があったグラナダまで約百八十マイル（約二百九十キロ）の道を突っ走った。

三十年ぶりのアマチ収容所跡。当時の建物が朽ちて残っていた。タール紙を貼った屋根、窓や壁のすき間から砂やほこりが入って来たバラック棟。住んでいた部屋を見て回った。「懐かしい気持ちは全くなく、悲しい、悔しい、怒りの気持ちが込み上げてきた」。

藤内は日系朝鮮戦争退役軍人団の理事を務める。会長を務めた一九九四年、日系人将兵の戦没者墓碑を建立した。「朝鮮戦争で七百五十五人が亡くなっているが、記録から抜け落ちていた」。藤内の正義感に火がついたときだった。

藤内の正義感とは行動によって不正義をただすことだ。アマチ戦時強制収容所歴史協会会長を七八年から約四十年務める。「日系人の強制収容を『歴史の事実』として語り継いでいかねばならない」。内に秘めた信念は揺るぎない。

表千家同門会米国南加支部の理事、会長を長く務め、現在、顧問として南カリフォルニアでの茶道の普及に尽力。南加和歌山県人会顧問、江住村人会顧問、南加和歌山県人会奨学金委員として精力的に活動を続けている。

日米文化会館理事を三十年以上務め、理事長も経験。全米日系博物館、アジアアメリカ交響楽団、ＵＣＬＡ財団、日系ブルーインズやＵＣＬＡ関連の団体で理事として活躍してきた。二〇一五年春の叙勲で旭日小綬章を受章した。授章理由は米国日系人社会の地位向上及び日米の相互理解の促進、友好親善に寄与したことだった。

日系人の強制収容を「歴史の事実」として語り継ぐ藤内稔さん＝2015年6月18日、ニューガーデナー

六　一九七〇年まで米国籍　龍神好美

一九四五年十二月二十日。龍神好美はカリフォルニア州北部のトゥールレーク収容所を後にした。両親は日本行きを決めていた。汽車に揺られて向かった先はオレゴン州の州都

ポートランドだった。

父、正治、三十三歳。「父はまだ若かったが、決断力があったので客車の班長を任され、日本の敗戦を受け入れられない人に明るくふるまった。とても頼もしく見えた」と龍神は話す。トゥールレークを出て二日目に八歳の誕生日を迎えた少女の記憶は今も鮮明だ。

二十九日。日本へ出航する日が来た。帰国組を乗せる米引き揚げ船第三船「ジェネラル・ゴードン号」はポートランド港に接岸していた。正治は好美の手を引き、母、蔦子（二十六歳）は生後十一か月の妹、全美《まさみ》を抱いてタラップを上った。蔦子の姉家族も一緒だった。

引き揚げ船は六便運航され、一九四五年十一月から翌四六年六月にかけ、約七千八百人を北米の港から神奈川県の浦賀港に運んだ。第三船には四千二百七十五人が乗り込み、うち八十五パーセントがトゥールレーク抑留所組だったという。

帰国組は米国籍を取得できなかった一世、市民の二世、市民権を放棄した人たちだった。市民権放棄者は八百六十七人いたとされ、うち親に従った十四歳以下が三分の一を占めた。龍神家は米国籍のままだった。

「戦争に負けた日本の街は焦土と化し、毎日の食事に事欠く事情を父母は薄々知っていた。日本での暮らしが難しければ米国に戻ればいいとの気持ちがあったのではないか。戦争でつらい目に遭ったが、日系米国人としての誇りを持っていた」

ジェネラル・ゴードン号はコロンビア川を下り太平洋に出ると、一路日本をめざした。

船内は四層に分けられ、各階の船室は四段ベッドが備えられていた。「船内は男女別々で、父と会えるのは面会時間のときだけ。私たちの部屋はデッキの真下だった」。

ジェネラル・ゴードン号は約二週間後の四六年一月中旬、浦賀港に錨を下ろした。同港は一八五三年、米海軍提督ペリー率いる黒船の来航で知られるが、終戦後の一時期、復員兵や引き揚げ者の援護事務所が置かれた。

米国帰りは血色もよく、服装も派手。善望の眼差しで見られ、戦勝国からの凱旋と受け止められたという。それに対し、南方からの復員兵、民間人の引揚者はダブダブの米軍服。上陸するとＤＤＴ（殺虫剤）をかけられていた。勝者と敗者の光景だった。

龍神家は上陸手続きを済ませ、国鉄横須賀線で東京駅に出た。和歌山までの切符を手にすると東海道線の夜行列車で大阪へ向かった。どれくらい時間が経ったのか、疲れて寝入っている好美は母の声で目を覚ました。

「ほら富士山よ。起きて」。寝ぼけ眼で車窓を見ると、雪を冠った高い山が月の光に映えて見えた。目が覚めた。「あれが富士のお山。いま日本にいるのだ。トゥールレークの小学校で覚えた『♪頭を雲の上に出し～』（唱歌ふじの山）の歌が口を衝いて出た」。

大阪駅に着くと環状線で天王寺駅へ。車窓から空襲で焼け野原となった町が見えた。紀勢本線に乗り換え、和歌山駅をすぎ、御坊駅に着くと、開戦前にがんと診断され、畳の上で死にたいと日本に帰った祖父、初三郎が迎えに来ていた。がんは誤診だったという。

一家は和歌山県日高郡美浜町吉原の祖父の家に落ち着いた。一月十八日のことだった。この日は全美の一歳の誕生日。質素な祝いをした。米国なら収容所の中にも小麦粉やバターはあったから、蔦子がケーキを作り、家族でお祝いをしただろう。

好美は町立松原国民学校初等科の二年生に編入された。祖父の家から歩いて十分ほど。教育熱心な蔦子のおかげで好美は平仮名も漢字も読み書きできた。ただ「墨塗りの教科書」には驚きを禁じ得なかった。

墨塗りの教科書とは、教科書の改訂が行われるまでの間、戦時中の教科書の軍国主義、戦意高揚をうたった部分を墨汁で消したもの。児童、生徒が筆を持ち、教師が指示する個所を塗った。

「トゥールレークの教科書と一緒で暗記した個所は真っ黒だった」と好美。戦後の混乱ぶりを示す事例だが、四七年三月、教育基本法と学校教育法が制定・公布され、翌四月から学制改革（六・三制実施）に伴い国民学校初等科は新制小学校、中等科は新制中学校になった。

好美は日本の暮らしに慣れるのは早かったという。父や母は日系二世だったが、米国でも日本の伝統や文化を大切にし、家庭の中にも取り入れていた。祖父の家でもすんなり受け入れることができた。

しかし、小、中学生の頃、両親と神戸の米国領事館（現駐大阪・神戸米国総領事館）へ行くときは違った。外国人登録証（二〇一二年廃止）の更新に必要な米政府の証明書類を発行してもらうとき、顔立ちは日本人でも米国人だということを否が応でも自覚させられた。その頃、まだ交通事情は悪く、米国領事館へ行くときは泊りがけだった。さらに「コメを持って行かないと旅館に泊めてもらえなかった」。神戸はまだ空襲の爪痕が残り、闇市があった時代だった。

好美は一九七〇年まで米国籍のままでいた。「二十一歳のとき、米国籍か日本国籍を選択しなければならなかったが、更新時ではなかったのでそのままにしていた。この通り顔は日本人なので、外国人登録証を見せろと言われたことは一度もなかった。妹が結婚するとき、日本に帰化した」。

好美は和歌山県立日高高校から東京の共立女子大学に進学。一九五八年に大学を卒業すると、創業したばかりの「アラビア石油」に就職した。「英語に耳と舌がすっと反応する」好美は秘書課に配属され、「アラビア太郎」の異名をとった社長山下太郎の秘書を務めた。そのときの就職活動でこんなエピソードがある。当時、履歴書に本籍地を記入するとき、番地まで書く必要があった。好美は「カリフォルニア州ロサンゼルス郡ターミナル島111―Dと書いた。私の生まれたところだもの」。

一九九三年、母、蔦子が軽い脳梗塞で倒れた。好美五十六歳、蔦子七十四歳のときだった。「万が一のとき後悔しないように」と退職を決意した。会社は好美の仕事ぶりや人柄を評価し在宅勤務を許した。和歌山県美浜町で母を介護しながら定年まで仕事を続けた。

第六章　日系人のきずな

一　人間の尊厳を取り戻す

「体験したことをありのまま話した。日系人の強制収容は『建国の精神に反した国策だった』と訴えた」。チャーリー・浜崎は二〇一五年六月十五日のインタビューで、三十余年前の米議会調査委員会の公聴会で証言したときの様子をこう語った。

大統領令９０６６号によって米西海岸から各地の収容所に隔離された日系人は十一万余人に上った。うちカリフォルニア州がもっとも多く、九万二千余人を占めた。

日系人の強制収容政策は偏見や差別が背景にあったとされる。汗水流して築いた家、土地、家財を失ったばかりか、「人間の尊厳」まで否定された。戦争が終わり、自由の身となったものの、米政府の謝罪は一切なかった。

一九八〇年、一条の光明が、日系人社会に差し込んできた。カーター民主党政権のときだった。日系人の強制収容を調査・検証する「戦時民間人再定住・抑留（強制立ち退き・収容）に関する委員会」が七月、連邦議会に設置されたのだ。

尽力したのは日系議員だった。ハワイ州選出の二世上院議員、スパーク・マツナガ、ダニエル・イノウエ、カリフォルニア州選出の三世下院議員、ロバート・マツイ、二世下院議員、ノーマン・ミネタ。ミネタの親友、アラン・シンプソン下院議員らが支持した。

同委員会は首都ワシントンはじめ、日系人がたくさん暮らすカリフォルニア州などで公聴会を開き、政府の公文書や記録を総点検する権限と役目を担った。日系人が長年背負って来た重荷を下ろすことができる機会であったが、それは長い闘いの幕開けでもあった。委員は九人。委員長に弁護士でもあるジョーン・バースタイン女史、副委員長にはダニエル・ラングレンが就任し、リベラル派議員が委員に選ばれた。実際に動き始めたのは一年後だった。

同委員会はワシントンＤＣ、西海岸の九都市で八一年七月から十二月まで二十日間の公聴会を開き、収容経験者、元政府職員、当時の軍幹部、学識経験者、市民など計七百五十人以上から証言を得た。浜崎はロサンゼルスで証言席に座った。五十九歳のときだった。開戦後、敵性外国人と見なされ、司法省のビスマーク拘置所（ノースダコタ州）に連行され、スパイ容疑で取り調べを受けたこと、集合センターや収容所の体験、収容所を出てから偏見や差別を受けたことなど、洗いざらい話した。

委員が的外れな質問をすると、浜崎は気後れすることなく、大きな声でせき払いしたり、机をコツコツたたいたりして間違いをたしなめた。「新聞や放送の取材陣がたくさんいたから、大声を上げて感情的になるより効果があった」。

公聴会と並行して同委員会はスタッフを総動員。八二年十二月まで政府の公文書、各地の大学図書館などが保存する公文書、収容所で発行された新聞や体験者の手記などを調べ上げた。八三年二月、同委員会は中間報告書を公表。日系人の強制収容を「人種的偏見・差別と、戦時下の異常心理に基づくものであり、軍事的必要から正当化される措置ではなかった」と批判した。

六月、同委員会は四百六十七ページの報告書「拒否された個人の正義」にまとめ、五項目を勧告した。▽強制立ち退き・収容された日系人の生存者、六万人に一人二万ドルの補償金を支払う▽国は重大な過ちを犯したことを認め謝罪する▽強制収容決定の原因や不正義の背景を研究し、負の教訓として後世に伝えるための教育基金の設立などだった。

米国民の意思を代表・決定する議会が四十年も前の国の政策を過ちだった、と厳しい審判を下し、社会に与えた影響は大きい。六〇年代から七〇年代にかけ正義を求める国民の意識の高まりと社会運動が背景にあったからだとされる。

黒人の公民権運動、若者のベトナム反戦運動、現職大統領が盗聴の首謀者だったという「ウォーターゲート事件」。ワシントン政界と無縁で高潔な人柄のカーター元ジョージア州知事を大統領まで押し上げた米国民の意思が議会を動かした結果、戦後、ずっと沈黙を守ってきた日系人たちが重い口を開き、つらかった体験を公開の席で涙ながらに語った。

米政府はこの報告書の勧告を受け入れ、「日系人の強制収容は重大な基本的人権の侵害だった」と公式謝罪した。日系人の生存者六万人に一人二万ドルの補償金を支払い、二度と過ちを繰り返さないための十二億五千万ドルの教育基金をつくった。

日系人が謝罪と補償を勝ち取るまでの道は平坦ではなかった。連邦議会が第四四二法案

「一九八八年市民の自由法」（日系米国人補償法）を制定するまで、勧告から五年もかかっている。日系議員らの粘り強い働きかけで八八年八月十日、同法案が可決され、レーガン大統領がサインした。法案名は日系兵部隊にちなんで付けられたことは言うまでもない。

補償金は米国内にとどまらず日本国内でも対象者すべてに支払われた。補償金の使い道は受け取った人の自由だ。藤内稔はロサンゼルスの日米文化会館、全米日系人博物館に寄付した。

「自分で使えば誰のためにもならない。寄付すれば日本人のためになると考えたから」

二　ターミナルアイランダーズクラブ

かつてターミナル島に住んだ人たちが一九七一年、「ターミナルアイランダーズクラブ」を結成した。ターミナル島はロサンゼルス港の一大コンテナ基地として立ち入り禁止となっていた。旧島民の郷愁は断ちがたく、各地から千二百人以上が会員に名を連ねた。

旧島民の多くは戦後、米国にとどまった。一時期漁船に乗った人もいたが、男はガーデナー、女は家政婦などの仕事に就いた。ターミナル島に近いサン・ペドロ、ロング・ビーチなどに住んだ。

日系社会もいつの間にか一世から二世の時代になっていた。太地町出身者は一九五七年に漁野大兵衛や宮川幹蔵らの骨折りで「在米太地人会」を復活した。二年後に戦後渡米した人も加わった「在米太地人系クラブ」を再結成してから全米ぐるみの交流を続けている。

「ターミナルアイランダーズクラブ」は出身地にとらわれない、旧島民のきずなを深める親睦会をめざした。ターミナル島で恒例だった新年会やピクニックにゴルフ大会など新しいイベントが加わり、会員たちの交流の場になった。

新年会やピクニックでは歌や踊り、ふるさと民謡などが披露される。日本語、英語のほかに「私たち」は「ミーら」、「あなたたち」を「ユーら」などと、紀州弁と英語をミックスした「ターミナル弁」が飛び交う。

宴たけなわになる頃、決まって歌われるのが「タミナル汚れの唄」である。誰かが舞台で♪「汚れ〜汚れ〜と指をさす」と音頭を取ると、だれかれとなく舞台に駆け上がり、手拍子が入り、大合唱となる。

「タミナル汚れの唄」はマンザナー収容所で生まれ、二世たちの間でよく歌われたターミナル島民の歌。ターミナル島生まれのヒノキ・ミノルが作詞、一九三八年に上原敏が歌ってヒットした「上海だより」のメロディーにのせて歌詞は三番まである。

一、汚れ汚れと指をさす　潮でみがいたこのからだ

黒く汚れは誇りです
打てば響くこの手足　マドロス気質で進むのよ
二、命を的に海の上　鍛えた意気が身にしみて
手足がすぐに出るのです
そぶり言葉が荒いのは　知らずに癖になったのよ
三、からだがいかに汚れでも　これが自慢のサンピドロ
心の中はきれいです
タミナル汚れの意気込みを　見ててください皆様よ

「汚れ」とは、漁で真っ黒に日焼けした体、魚のにおいが染み付いた体、入れ墨を施した荒くれ者の体など諸説ある。社会に受け入れられないもどかしさを表現しているが、ターミナル島育ちの誇りや漁師の心意気を歌い上げる。

ターミナルアイランダーズクラブ発起人の一人で副会長を経て二〇一一年まで十七年間、二代目会長を務めた巽幸雄はマンザナー収容所内で撮影された貴重なモノクロ写真を大切にしている。

「ＹＯＧＯＲＥＳ」（ヨゴレーズ）と胸に横書きしたＴシャツを着て写真に収まる日系二世の男たちだ。帰米二世が多く、米国への忠誠を拒否してトゥールレーク収容所、さらにサ

ンタ・フェ司法省拘留所へ送られた「ヨゴレーズ」もいた。

ターミナルアイランダーズクラブは創立から半世紀近くになる。発足当初千二百人以上いた会員のうち一世はほとんど亡くなり、ターミナル島に暮らした経験のある二世は八十代後半から九十代になった。

毎年六月、ブエナ・パークのジョージ・ベリス公園で開かれるピクニック。参加者のほとんどは三世、四世、五世。しかし、ターミナル島の良き時代を知るチャーリー・浜崎、春藤美代子、コロラド州デンバーから駆けつける筒井直治らの存在は大きい。

浜崎は興が乗ると舞台に立ち、マイクを握って十八番の「タミナル汚れの唄」を熱唱する。「今年も来たか」「来年もまた会おう」などと近況を語り合う光景が見られる。ピクニックに参加できなかった会員へもそれぞれの近況が伝えられる。ターミナルアイランダーズのきずなは固い。

三　ターミナル島にモニュメント

ターミナル島、フィッシュ・ハーバーを望む波止場に漁師のブロンズ像とコンクリート製大鳥居が立つ。一大コンテナ基地のこの島はかつて日本人漁村として繁栄し、日系人が暮らした証しを歴史に残そうと、二〇〇二年七月、ターミナルアイランダーズクラブが建立した。ブロンズ像は、日よけ帽子をかぶり長靴をはいた半袖シャツにズボンの男二人が漁網をつかむ。大鳥居は、北米神道協会が一九三一年に建立したサン・ペドロ大神宮の大鳥居を模した。

モニュメント建設の話が持ち上がったのは一九九八年頃。ターミナルアイランダーズクラブ第三代会長藤内稔によると、「何かの集まりでターミナル島の歴史に詳しい浜崎太実一が言い出しっぺだった」という。

記録映画の制作などの意見も出たが、ロバート・漁野近夫が浜崎の提案に賛成し、熱弁をふるった。「映画は見る人が限られ、時とともに忘れ去られる。モニュメントは島を訪れる人の目に留まり、かつて日本人漁村が実在したことを知ってもらえる」。

話がまとまり漁野は建設委員会会長、企業や役所、各種団体に人脈がある藤内はアドバイザーに選ばれた。漁野七十九歳、藤内六十九歳のときだった。「ターミナル島には七年しかいなかったが、ふるさとへの思いは強くひと肌脱ぐことにした」と藤内は振り返る。

二人はカリフォルニア州政府に計画を説明し協力を求めたが、反応は鈍かった。あきらめず何度も足を運ぶうち、「日系人への負の歴史と向き合うチャンス」との訴えに耳を傾ける幹部が現れ、十四万八千ドルの補助金が下りた。

しかし、建立場所をめぐり地元サン・ペドロ市と意見が分かれた。ターミナル島を主張する漁野や藤内に対し、市は第二次大戦のメモリアルとして博物館の近くを提案したからだ。何度も話し合いがもたれ、市は最後、「旧島民の総意」に理解を示した。

建設費は補助金に加え、個人、企業などの寄付で賄った。ターミナルアイランダーズクラブの結束が奏功、四十五万ドル以上が集まった。藤内によると、二万五千ドルを設計費に充て、五十万ドル近くをブロンズや大鳥居の製作費に注ぎ込んだという。

計画は順調に進んだが、予期せぬ悲報が藤内に届いた。糖尿病の持病があった漁野が突然亡くなったのだ。リーダー不在は許されず、当時ターミナルアイランダーズクラブ二代目会長の巽幸雄を急遽、建設委員会会長に選んだ。「漁野さんに代わって建設委員会のとりまとめができるのは、寄付金集めに奔走された巽さんをおいていなかった」

一難去ってまた一難。建設委員を悩ませたのがブロンズ像の顔だった。「日本人の顔立ちになかなかならない。白人の見るアジア人は同じ顔。『つり目』になってしまう。何度もやり直しを命じ、日本人らしい顔になったところで妥協した」と巽は回顧する。

二〇〇二年七月六日、元島民らが出席して完成式典が開かれた。フィッシュ・ハーバーに向けて数台の消防ポンプ車から七色の水を一斉放水、ロング・ビーチの和太鼓グループの太鼓がとどろいた。

筆者が初めてターミナル島を訪れたのは二〇一二年八月二十二日。太地町歴史資料室の調査に同行したときだ。カリフォルニアのまぶしい日差しの下、フィッシュ・ハーバーにたくさんのヨットが係留され、時が止まったかのような静けさだった。

巽の詠んだ歌がモニュメント近くのプレートに刻まれていた。

沖は黒潮　魚もおどる
(Black Current off our shore Fishes so peaceful yet)
父母の辛苦を偲びつつ　永遠に称えん　いにしえの里
(We remember and honor hardships parents endured our forever village no more forever)

二〇一五年六月十七日、巽はメル一郎の介添えで車いすに乗り、筆者とターミナル島を訪れた。九十四歳。往時の記憶が薄れていた。モニュメントの前でしばらく時間を過ごした。おかげで自宅でのインタビューははかどった。「父はとても気分がいい」とメルは親指を立てた。

これが巽の最後のターミナル島詣でになった。二〇一六年三月十三日、永眠。享年九十五だった。

メルからの知らせにこう添えられていた。

モニュメントの前で往時を振り返る巽幸雄さん。巽さんの最後のターミナル島詣でになった＝2015年6月17日、ターミナル島

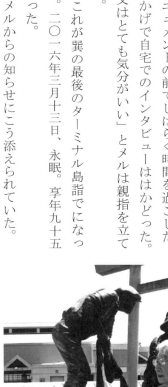

「父は天寿を全うしました。父は言いました。素晴らしい人生を送ったから後悔はない、と」

四　全米日系人博物館

ロサンゼルスのダウンタウンにある全米日系人博物館。移民草創期から戦時中の強制収容、謝罪と補償を勝ち取るまでの日系人の歴史や生活文化を米国史の一部として位置づけ、展示品を使って紹介。日系人の芸術作品も数多く所蔵する全米唯一の博物館である。

道を挟んだ真向い。旧西本願寺羅府別院を旧館として出発した。一九九九年、日系二世の建築家ギョウ・オバタの設計で現在のモダンな建物に生まれ変わった。外壁にガラスをふんだんに使い、採光を工夫した外観、内部は自然光あふれる開放的な空間に仕上がっている。

目を凝らしてガラスに近づくと、名前が刻まれているのがわかる。新館建設の費用を寄付した人の名前である。博物館ができあがるまで多大な支援や協力があったか、また博物館を必要としたかを物語る。

きっかけは一九八〇年代、ロサンゼルスの日系企業経営者と四四二部隊の退役軍人が博物館構想を提案。戦時中の日系人強制収容を調査・検証する連邦議会の委員会が報告書「拒否された個人の正義」を発表した時期と重なり、日系人社会から賛同の声が集まった。

一世の多くが死去。三世や四世は祖父母や両親の苦労を知らずに育っている。日系人の生きた証し、アイデンティティーを伝えるという思いはカリフォルニア州議会、ロサンゼルス市などを突き動かした。

旧西本願寺羅府別院は二五年、日系一世の寄付金で完成。日本と中東の建築様式を融合した斬新なデザインは今も目を引く。ロサンゼルス初の仏教寺院として日系人の心のよりどころ、文化発信の場となり、日系人が強制収容される前の駆け込み寺にもなった。

戦後、建物が老朽化し、六九年にロサンゼルス市に売却された。再開発のため取り壊しが決まっていたが、ロサンゼルス市が全米日系博物館への改装を支持。九二年、建物を修復、博物館として再スタートした。七年後、新館にバトンタッチした。

博物館の正面階段を上ると、常設展示室がある。「共有の場(Common Ground)」と名付けられ、ハワイへの移民から始まって、写真花嫁、収容所の生活、四四二部隊、日系人補償法までの歩みを展示品、写真、映像、ジオラマを使って解説する。

全米、海外からも大勢の人が訪れる。筆者は二〇一二年八月以来、計四回訪れた。展示室へ入る前に仕掛けが施してある。天井まで積み重ねた皮革製トランクの山。入館者の足を止め、衣服と一緒に「錦衣帰郷」の夢を詰め込み、太平洋を渡った人たちに感情移入させる。

隣の木造建物は、ワイオミング州ハートマウンテン収容所跡から移築したバラック。内側の壁はくりぬかれており、来館者はそこから中に入り、戦時中四～六人の家族が住んでいた約三十平方メートルの住居スペースを体感できる。

博物館が一九九四年に特別展「アメリカの収容所――日系アメリカ人の体験を記憶する」の目玉として、新館建設予定地に展示したのが始まり。一般の米国人も本物のバラックを見て衝撃を受けたという。

このとき、収容体験を戦後ずっと沈黙して来た二世たちがバラックの説明役を買って出たという。体験に基づいた話は重く、日系人の強制収容は米国の恥ずべき歴史、と多くの人が認識した。このバラックは博物館の重要な展示物となっている。

ハートマウンテン収容所跡から移築したバラック。日系人の歴史を米国史の一部として位置づける全米日系人博物館＝2012年8月22日、ロサンゼルス

五　ボランティアガイド　ラリー・大島栄一

全米日系人博物館の日系人ボランティアガイド。登録者は二百人を超え、英語、日本語で展示室を案内する。収容所を体験した人から四四二部隊の退役軍人、戦後生まれの三、四世、日本生まれの新一世と顔ぶれは多彩、この博物館にいのちを吹き込んでいる。

二〇一五年六月十三日、筆者は三年ぶりに全米日系人博物館を訪ねた。このとき、九十三歳の日本語ガイド、ラリー・大島栄一と出会い、収容所での体験、八十歳のときからボランティアガイドを続ける意義などを伺う機会を得た。

大島は一九二二年十二月生まれの日系二世。半袖シャツにネクタイを結びネイビーブルーのベスト。実年齢より若く見える。友人に誘われてガイドになった。二週に一度、土曜日に弁当持参で自宅のあるコビーナの町からメトロリンクで約二時間かけて通って来る。

展示室でマンザナー収容所の全景ジオラマをノートに写生していると、背後から声がした。流暢な日本語だった。「写真に撮っても構いませんよ」。振り向くと大島が笑みを浮かべて立っていた。

大島は筆者の意を察し、「これから休憩時間。よかったらロビーで」とインタビューを快諾。展示室の外へ出た。「強制収容を含めた日系人の歴史は、米国史にきちんと描かれておらず、体験者は世界に知らせる責任がある」。ボランティアガイドを続ける意義を語る。

両親は農業移民だった。一九二〇年、佐賀県出身の父、正一は鹿児島県出身の母、いせまつを写真花嫁で迎えた。大島は両親が働くカリフォルニア州ストックトンの農場で、五人きょうだい（弟三人、妹）の長男に生まれた。

ストックトンの荒れ地をジャガイモ産地に変えた、福岡県久留米市出身のポテト・キング、牛島謹爾の農場だった。牛島はジョージ・シマの名で親しまれ、在米日本人会初代会長を務め、日本人移民を締め出す外国人土地法や排日移民法と闘った。

「農場に日本人キャンプがいくつもあった。四、五家族（十人〜十五人）が住み込み、コミュニティーをつくった。生活は日本と変わらず、食事は和食。ご飯とみそ汁、おかずが食卓に乗った。日の出とともに農場に出て日没まで働いた」

大島の流暢な日本語は両親の影響だという。「親たちは農場で英語を必要としなかった。日常会話は日本語。学校の授業は英語だったが、日本語学校へ通わされた。卒業すると親の後を継ぐように牛島農場で働くようになった」。

一九四二年六月、大島の家族もストックトン集合センターへ。「一か月半ほどしたある日、父が脳血栓で亡くなった。六十五歳でした。収容者の中にお坊さんがいたので葬式を出してもらった。十月頃、父の遺骨を持ち、アーカンソー州のローワー収容所へ送られた」。

大島、二十歳のときだった。収容所では印刷工として働いた。一か月十六ドルもらった。「炎天下の農作業に比べたら楽な仕事だった。一番の苦痛は退屈。収容所を出る早道は軍隊に入ること。そう信じて忠誠登録はイエスと答えたが、召集されなかった」。

四四年、収容所の一年以内の閉鎖が決まった。大島は母ときょうだいを残したままシカゴへ。「シカゴは都会で人口が多いから、日系人だからといって目立つ存在ではなかった。白人男性は兵隊にとられ人手不足。仕事はすぐ見つかった。車の修理工だった」。

四五年春、召集令状が来た。ミネソタ州フォート・スネリングの米陸軍情報部語学学校に入校した。春なのに雪があった。九か月間、日本語、平仮名、漢字、日本文化、日本人の気質などあらゆることを学んだ。

この間に戦争は終わった。「戦地へ送られる心配はなくなりホッとした」。上官から語学学校に残るよう誘われた。「GHQの勤務になれば父母の祖国へ行くことができる。一瞬心が動いたが、母ときょうだいの顔が浮かんだ」。

除隊すると、母ときょうだいがいるシカゴへ戻った。日系二世の女性と結婚、長女ヨシコを授かった。五六年一月のことだった。

9・11テロでアラブ系の人を強制収容せよとの声が上がり、真っ先に反対したのは日系人だったと話すラリー・大島さん＝2015年6月13日、ロサンゼルス市内の全米日系博物館

七二年夏、ロサンゼルスへ移った。「娘の教育のためだった」。「戦争がなかったら農業で一生を終えていたかもしれない。戦争はターニングポイントになった。しかし後悔はしていない。日系人への差別や偏見はいまもある。現実を受け入れ、乗り越えていくことが大事だ」

二〇〇一年九月十一日。米同時多発テロが起きたとき、アラブ系の人々を強制収容せよ、との声が上がった。「過ちを繰り返すな、と真っ先に反対の声を上げたのは日系人だった。私もその一人だった」。全米日系人博物館のガイドになった本当の理由を聞いた気がした。

六　新一世　キミコ・サイド

戦後、米国に移住した日本人を「新一世」という。戦時中、強制収容された日系人とその子孫とは異なる「新一世」とその子孫も、新たな日系人として日米の懸け橋として活躍している。

キミコ・サイド。九十四歳。コロラド州デンバーを終《つい》の棲家《すみか》にして約六十年。戦時中、日系人を守った元州知事、ラルフ・カーを日系人の恩人と尊敬し、毎年五月（最後の月曜日）のメモリアルデーにフェアマウント霊園に眠るカーの墓碑を参る。

墓参はキミコの人種差別、戦争反対への意思表示でもある。「カーは知事勇退後、上院議員選挙で日系人の肩を持ったと落選の憂き目を見る。それでも信念を貫いた。私は新一世だが、カーのお墓に自然と足が向く」。

またキミコはデンバーと姉妹都市、飛騨高山との交流にも取り組む。飛騨高山は筆者が記者時代に四年半暮らしたまちである。キミコは来日すると飛騨高山に立ち寄る。二〇一七年四月五日。筆者の友人でもある高山市職員の仲介でインタビューが実現した。

旧姓住友君子。一九二二年九月、五人きょうだいの長女として中国北京で生まれ、青島で育った。薬剤師の父はキミコが青島高等女学校を卒業する一か月前に病死。四五年十二月、母と二人の妹を連れて引き揚げて来た。キミコ二十三歳のときだった。

戦争で二人の兄を失った。医者の長兄も病死、次兄はレイテ沖海戦で戦死。「母は次兄の生還を信じ、兄の衣類を持って引き揚げ船に乗った」。香川県観音寺市の母の実家に転がり込んだ。「空腹でも食べ物がないから早く寝るしかなかった」。

キミコは英語ができた。青島の商社万和通商でタイピストをしていたとき身につけた。戦後、同商社から受け取った退職金、二千六百円を母に渡して上京。大手鉄鋼メーカーに勤める親戚の世話で帝国銀行本店（東京・丸の内）に採用された。

給料の大半は母に仕送りした。仕事を終えると津田塾の夜間に通い、英語速記の資格を取った。入社して約一年。四八年一月二十六日、帝国銀行椎名町支店で行員ら十二人が毒物を飲まされ死亡する帝銀事件が起きた。「あまりの恐ろしさに身が縮む思いだった」と回想する。

同じ頃、キミコはジン・サイドと出会った。キミコはある日、ＧＨＱの軍人とデートする同僚から通訳を頼まれた。軍人に付き添って来たのがジンだった。ジンは米兵向け新聞の記者をしていた。キミコ二十六歳、ジン十九歳のときだった。

ジンに帰国命令が出た。二人は手紙で心を通わせた。ジンは返事を出すとき、キミコの英文を丁寧に校正して同封した。五一年秋、ジンが除隊し来日したのを機に、結婚した。ジンは駐留米軍の日用品などを売るＰＸのマネジャーとして働き始めた。

五五年、キミコは米国を初めて訪れ、ロサンゼルス、ソルトレークなどを回った。永住を決めていたから落ち着く所を探す旅でもあった。ジンの母が暮らすマイアミで米国市民権を得た。「行きは日本、帰りは米国発行のパスポートに変わった」。

米滞在中、キミコは人種差別に遭遇した。マイアミビーチ行きのバスに乗ったときのこと。後ろの空いている席に座ろうとすると、黒人の乗客がキミコに言った。「あんたの座るところじゃない」。早く前へ行けとキミコを追い払った。

車内をよく見ると、座席は真ん中辺りで白人と黒人に仕切られていた。「言葉を失った。米国社会に溶け込むためにはいくつかの試練に耐えなければならないと思った」。その試練はデンバーで待っていた。

日本に戻って三年経った五八年夏、ジンはデンバーに家を買った。キミコは十二月に長男ダニエルを出産。翌年二月、ダニエルと二歳の長女デボラを連れ、デンバーの新居に落ち着いた。「日系人にやさしく住みやすい」という評判通りだった。

ジンはオリエンタルギフトショップ「Madamu Butterfly」を開いた。日本の陶器を並べると、装飾品としてすぐ売れた。売り上げは順調に伸び、三店舗に。キミコは会計士の学校へ。一年コースを三か月で習得、試験にパスした。

六〇年代後半、既成の価値観に縛られない生き方、ヒッピームーブメントが店の収入を押し上げた。東洋思想や仏教がもてはやされ、線香などが飛ぶように売れた。「あの頃は米国がベトナム戦争の泥沼から抜けられず、社会全体が病んでいた」。

ベトナム戦争が終わるとブームは去った。ジンは貿易会社サイドライン・インターナショナルを立ち上げた。メキシコ国境のテキサス州はスペイン語が欠かせない。ジンは五十歳を過ぎたキミコにスペイン語をマスターするように頼み、キミコは期待に応えた。

ジンとキミコのアメリカンドリーム。しかし日系一世の女性たちから嫉妬された。「苦労知らずの戦争花嫁さん」。キミコの胸に突き刺さった残酷な日本語だったが、日系一世の女性がたどった人生を理解しようと努めた。

キミコは八八年にジンの仕事からリタイア。この年はレーガン大統領が戦時中の強制収容を謝罪、日系人への補償法（市民の自由法）が成立した年でもあった。日本人の誇りを失わず余生をボランティアに注ぐ決意をした。六十六歳のときだった。

キミコは特技を生かし、デンバーのキリスト教会と仏教会で毎月一回、木目込み人形と和紙クラフトの教室を始めた。教室は三十年近く続いており、毎回二十人以上の参加がある。キミコは授業料（一人五ドル）をそっくり教会と仏教会に寄付する。

キミコとジンは二〇〇一年、教会と仏教会へ十万ドル（日本円換算約千二百万円）を寄付した。奨学基金として積み立てられ、平均約七千ドル（同約八十四万円）の利子が日系人高校生の大学進学資金になっている。

キミコの最大の功績を記す。コロラド日系人協会会長を連続二期務めた一九九二〜九三年、協会設立百周年を記念し、日系人ジャーナリストのビル・ホソカワ（一九一五〜二〇〇七年）に『日系人のコロラド』を書かせ出版したのだ。

シアトル生まれのホソカワはシンガポール、上海で記者を続け、米国に戻ったとき開戦、ハートマウンテン強制収容所へ送られた。戦後、コロラド州で三十八年にわたり地元紙デンバーポストの編集長を務めた。

著書は日系人が入植した一八八六年から日系一世がたどった足跡を描くノンフィクション。「新一世がそれほど苦労せずにやって来られたのは一世のおかげ」。一世への尊敬と感謝の念を込め書いてほしいとホソカワのもとに日参したという。

「最近の日系人は日本人の血を引いていても米国人。私の子どももそうだ。ビルは一世、二世から丹念に取材して書いた」。この本は米国社会に溶け込もうと奮闘努力してきたキミコの半生と重なる。

二〇一二年秋の叙勲でキミコは元コロラド日系人会長として旭日双光章を受章した。授章理由は在留邦人への福祉功労、コロラド日米協会理事、日系米国人市民連盟マイル・ハイ支部理事も務め、日米交流、日系人の社会的地位向上への貢献だった。デンバーと高山の姉妹都市交流にもリーダーシップを発揮し、飛騨高山を「私の第二のふるさと」と呼ぶ。

ビル・ホソカワ著『日系人のコロラド』を手に、日系人の恩人ラルフ・カーの墓参を続けると話すキミコ・サイドさん＝2017年4月5日、高山市

七　新一世　脊古輝人

太地町漁協の代表理事組合長、脊古輝人《せこてると》、七十一歳。かつて米カリフォルニア州で漁師として一旗揚げる夢を追いかけた。滞在十三年余り。市民権のハードルは高く、新一世に

なることに見切りを付けUターン。鯨組の子孫の漁師として再出発した。

在米太地人会創立百周年ツアーの訪米団に妻和子と参加した。「ターミナル島で十セントショップに成功した叔父と肩を並べたい、と奮闘した自身に出会いたかった」。二〇一五年十一月十五日夜、宿泊先のニューガーデナーホテルでインタビューに応じてくれた。

取材のきっかけは、脊古の早口な英語だった。アウトレットのコーヒー店でツアーの女性や筆者の注文まで取りまとめ店員に伝えた。ターミナル島ではアワビ漁の経験を参加者に説明する脊古を見て取材のチャンスをうかがっていた。

脊古は渡米のいきさつから話を始めた。一九六五年のある日のことだった。

「潜水技術にたけた人を探している」。脊古が三重県立水産高校専科二年生、二十一歳のとき、米国のＡＢＣフィッシングカンパニーから脊古の父に相談があった。仲介者は日本人経営者と父親の共通の知人だった。

サンフランシスコ湾で岩肌がむき出しになる「磯焼け」が深刻化。大量発生したウニが魚類の隠れ家や産卵場所になる海藻を食べ尽くしたのが原因で、魚が寄り付かなくなった。化学薬品では駆除の効果が上がらず、ウニを取り除くダイバーが欲しいとのこと。

ＡＢＣフィッシングカンパニーは「米国人はウニを食べないが、日本人は好んで食べる。駆除したウニを日本へ輸出すればもうかる。悪い話ではない」と持ち掛けた。甘い話には裏があった。

日本では前年に東京五輪が開かれたが、地方は五輪の恩恵にあずかるまで至っていなかった。脊古の父はダイバー要請を受け入れた。豪北部ブルームで真珠ダイバーをしている長男を呼び戻し、ダイバー経験のある漁師のおい、そして脊古を説得し派遣に踏み切った。

条件は月給五百ドル、三年の滞在。当時のレートは一ドル＝三百六十円。日本円で十八万二千五百円、大卒初任給の七倍強になる。「米国では高くない給料だが、大きな国を見て来いと父はわれわれを激励した。困っているときはお互い様という漁師魂を父は持っていた」。

三人はクリスマスイブの十二月二十四日、日本人経営者が出迎えるサンフランシスコ空港に降り立った。街は聖夜の飾り物やイルミネーションで輝いていた。人を疑うことを知らない紀南の若者は高揚感いっぱいだった。

脊古らは荷物を解くと、磯焼けの現場へ出掛けた。ウエットスーツを着て海へ潜ったが、平均水温十二度のカリフォルニア寒流の冷たさに震え上がった。ウニの駆除どころではない。「十分潜っているだけで頭がジンジンしてきた」。

「ウエットスーツでは体が持たない。ドレス（潜水服）を用意してくれ」。脊古らは日本人経営者に談判した。すると意外な答えが返ってきた。「実はウニが目的ではない。君らの仕事はほかにある。ニシンだよ」。

日本人経営者は「海辺の家で待機。カモメが来たら連絡せよ」と、サウサリートへ行くよう指示した。サンフランシスコの対岸、金門橋（ゴールデンゲート・ブリッジ）を北に下りた入り江（リチャードソン湾）に面した小さな町だった。

コンブを採るのが脊古らの仕事だった。

ニシンが産卵のため入り江に押し寄せると、ニシンを狙ってカモメが集まって来る。ニシンが産み付けた卵をコンブからはがして塩漬けし、カズノコとして日本へ出荷するというのが日本人経営者の算段だった。

「南の海（熊野灘）で育ったからニシンを知らない。カモメと言われても何のことやら。春先のある日、ギャーギャーと外で猫のような鳴き声が聞こえた」。カモメは漢字で海猫と書く。言い得て妙だった。

「日本人経営者に連絡すると、『君らはウエットスーツを着て海へ』」。電話口から興奮した様子が伝わって来た。日本人経営者は到着するなり、アルバイトの学生を使って浜辺に大量のトラッシュカン（屋外ごみ入れ）を並べた。カンには大量の塩が入っていた。

ニシンの卵漁はふ化する前の一週間が勝負。脊古たちは朝から晩まで冷たい海に入った。コンブを抱きかかえて海から上がって来ると、学生アルバイトがトラッシュカンに放り込んでいった。

この光景に付近の住民は驚き、警告した。「こんなにコンブを採ったら来年からニシンが来なくなる」。コンブを抱えた脊古の写真がロサンゼルスタイムズの一面に載った。「何をやらかすのか、バカな日本人ども」といった扱いだった。

サンフランシスコでスーパーを経営する中国人が脊古らの潜水技術に目をつけた。「漁船を用意する。ロサンゼルスでアワビを捕ろう」と持ちかけた。日本人経営者はこの話に乗り、ターミナル島にツナ缶工場の一室を借り、脊古らは海に潜った。

ところが給料がもらえない。日本人経営者は中国人経営者に採取許可を乗っ取られたと言い訳した。「一緒に働くなら月二千ドル出す」という中国人経営者の案に折り合った。八百〜千ドルが平均給与、脊古らがそれまでもらっていた給与（五百ドル）の四倍だった。

三年で就労ビザは切れる。「もっと長くいたい」。脊古は日本人経営者に未払い給料の代償

アメリカにいた頃のアワビ漁の経験を説明する脊古輝人さん
＝2015年11月13日、ターミナル島

としてグリーンカードを要望した。日本人経営者はニシンでしこたま稼いだ金で弁護士を雇い取得してくれた。

脊古はサンフランシスコでイタリア人オーナーの捕鯨船に乗った。この船の砲手を務める太地町出身者の仲介のおかげだった。喜んだのも束の間。国際捕鯨委員会がクジラの商業捕獲禁止を打ち出し、米国も賛成に回ったため二年で船を下りることになった。

今度はサン・ペドロで日系人オーナーの巻き網漁船に乗った。「マグロの大群を網で囲んだ後、海に潜り網の中のイルカを追い払うのが仕事だった」。イルカの殺傷も含まれるため、米政府はイルカのいる近海でのマグロ漁を禁じた。再び船を下りる羽目になった。

脊古はロング・ビーチに住む元太地中学校の恩師脊古誉雄を頼った。「先生はガーデナーを勧めた。日本人は信頼されているから、少々英語が出来なくてもまじめに働けば生活に困ることはない」。渡米から四年半がたっていた。

恩師は一九六三年に渡米した。両親はターミナル島で暮らし、自身は太地町で生まれ育った。渡米は同居を願う母に応えるためだった。長男はプロ野球選手のスカウトで福岡ソフトバンク顧問のリチャード賀之、次男は脊古輝人の同級生、ゲイリー正純。

銀行から千五百ドルを借り、ガーデニングの道具をそろえた。「ジャパニーズ・ガーデナー」と記した求職広告を新聞に出した。その日のうちにロング・ビーチのアパートに依頼の電話があった。「米国に溶け込むため苦労した先祖のおかげと、手を合わせた」。

仕事は順調。脊古輝人は二週間ほど休暇を取り太地町に帰った。渡米から八年が経っていた。親戚のおばさんの世話で和子とお見合い結婚した。輝人二十七歳、和子二十一歳だった。式を挙げると脊古は米国に取って返し、和子を迎える準備をした。

翌年、長女が生まれた。亜細亜と紀州から一字ずつ取りキャサリン・亜紀子と名付けた。そのとき和子は英語ができず、日系人産婦人科医のいる病院にかかったが、四年後に長男正輝を産むときは米人医師のいる病院へ車を運転して行った。

脊古には一世たちと相通じる夢があった。漁船を手に入れ、一旗揚げることだった。巻き網漁船に乗っていた頃、南カルフォルニアの約二百マイル沖にアラスカメヌケ（赤魚）の好漁場を見つけていた。「メヌケは米国人が好んで食べる魚だから一攫千金は夢でなかった」。

しかし、漁船購入には市民権が必要だった。悶々としていると、父とけんかして家を飛び出した弟が訪ねて来た。太地の海で一緒に漁師をすることになった。かつて熊野灘でクジラを追い掛けていた先祖に導かれたかのようだった。太地を出て十三年。一九七八年のことだった。

その後、漁師一筋。今も現役だ。船外機を操縦し海に潜ってアワビを捕ったり、夜釣り船で漁に出たりする。「後悔がなかったといえばうそになる。帰国間もない頃、和子がふと漏らした。「（戻って来たのは）失敗だったわね」。脊古と同じ思いだった。

「日本に戻って米国の偉大さに気づいた。日本人が小さく見えたときが度々あった。板子一枚下は地獄。漁師は助け合って生きる。その精神が在米太地人会の皆さんに息づいていた。古き良き日本人に出会ったようだった」

脊古は今回の訪米を振り返り、実感を込めて言った。「太地と米国は海でつながっている」。

終章　太地町を歩く

和歌山県太地町の市街地を歩くと、ペンキ塗りの家屋の町並みが続き、古式捕鯨の役職を名字にした表札が掛った家、海の向こうとつながるカタカナ屋号の家などにお目にかかることができる。昔ながらの風情や文化がいまも息づいている。

二〇一六年七月二日。朝から強い日差しが照り付けた太地町。筆者は野外研修で町を訪れた関西学院千里国際高等部の生徒に便乗、かつてクジラ捕りたちが住んだ寄子路《よろこじ》地区を一緒に歩き、町歴史資料室の学芸員、櫻井敬人の解説に耳を傾けた。

前夜、「いさなの宿　白鯨」で米国から叔母の家に里帰りしたクリス・杉田への三度目の取材を終え、雑談していたときのこと。櫻井から「まだ街中を歩いたことがないでしょう。高校生と一緒にいかが。面白い発見がありますよ」と誘われた。乗らない訳にはいかない。

海辺は紫外線が強い。日よけの帽子はかぶってきたが、半袖シャツからのぞく両腕はひりひりする。旧市街地に足を踏み入れると、格子や手すりを白や青ペンキで塗装した和風家屋、外壁の板を重ねて張る「鎧《よろい》張り」の木造洋館などが目に付く。

海なし県育ちの筆者には初めて目にする風景だった。古い町並みといえば京都や飛騨高山の商家を想像してしまう。かつて北米へ出稼ぎに行った人や海外の港町に立ち寄る捕鯨船の乗組員が持ち帰った文化という説がもっぱら。八割の家屋がペンキ塗りといわれる。

櫻井学芸員の解説は高校生にも筆者にもわかりやすい。

古式捕鯨にちなんだ名字は得心がいった。漁野吉兵衛宅の前で「ご先祖はクジラを追い込む勢子舟の船長『羽指』だった」と漁野の由来を説明。「脊古、海野も同じ羽指だったが、脊古は最も格式の高い羽指だった」といった具合に話した。

沖でクジラに挑む花形の羽指に対し、陸上での仕事も重要だった。

「遠見」はクジラの動向を見張る人、「汐見」は潮の流れや速さ、風向きを調べ沖の舟や見張り場に知らせる人、「小割」はクジラを解体する人、「由谷」はクジラの皮脂を炊いて油を採る人、「筋師」はクジラの筋を弓の弦に加工する人、「網野」は網を作り修理する人、「梶」はクジラの捕獲道具を作る鍛冶職人であった。

明治維新後、庶民も名字を名乗れるようになった。太地町では古式捕鯨の各自の役目を名字にした人は少なくなかった。先祖代々受け継いできた仕事に誇りを持っていたからだ。

カタカナの屋号にも驚いた。商店の称号ではない。周りの人がその家を呼ぶときのあだ名に近い。「ジョンボ屋」はターミナル島に住み、太地町に戻った漁師の大きな体型に由来する。「ジャンボ」と呼ぶところを英語の発音から「ジョンボ」と言う。「バタバタ屋」は米国からオートバイを持ち帰った人の家。「バタバタ」というエンジン音からその名が付いた。明治の「背美流れ」で難を免れた海野近太夫の生家は「チカラ屋」と呼ばれている。

散策後、太地漁協スーパーに寄った。目当ては米ハーシー社のキッスチョコレート。在米太地人会創立百周年ツアーで太地町の和田千明から「いつもレジのそばに置いてある」と教えてもらった通り、ブラックとミルクのキッスチョコがあった。早速買い求めた。

米国のチョコレートがスーパーに並ぶ訳は米国とのつながりだった。日本産のチョコレートのコマーシャルがテレビに登場したのは一九六〇年代。太地町では各家庭に米国の親戚から届くキッスチョコレートを、子どもたちは五〇年代から口にしていたという。

「小学生の頃、遠足や学校にキッスチョコを持って行くと、真っ先にねだるのは先生だった」とある年輩の町職員は話す。チョコレートのほかにツナ缶詰、コーヒー、ビスケットなど米国の生活文化が町民の生活に溶け込んでいた。

和田もその一人だ。六十二歳。古式捕鯨の司令塔、和田金右衛門の子孫の夫に嫁いで随分になるが、子どもの頃、実家の那智勝浦町では祖父から米国の生活文化を享受していたという。祖父は戦前、ロサンゼルスでレストランを営み、開戦後に日米交換船で帰国した。祖父は日本へ帰るとき、店で使っていたナイフ、フォーク、スプーン、皿などを持ち帰った。「パンケーキを焼き、コーヒーは豆をひいてたてた。いまでも実家では祖父の思い出がいっぱい詰まった食器を宝物のように使っている」

太地町職員の上中たき子。五十五歳。上中も幼い頃から米国が身近にあったという。「晩年を太地で過ごした祖母の弟が米国にいる頃、キッスチョコ、チューインガム、ゼリーなどがよく実家に届いた。洋服の生地が入っていると、服に仕立ててもらった」

上中も在米太地人会創立百周年ツアーに参加した。祖父の兄、木下滝次の墓参が訪米の目的だった。サン・ペドロ湾を望むグリーン・ヒルズ記念公園。米国の土に返ったターミナル島生まれの二世らが多く眠る。

上中は木下の墓の前で語り掛けた。

「あなたの弟の孫、たき子です。米国からよく送っていただいた干しぶどうをマーケットで見つけ、あの頃のにおいに釣られて買いました。太地のことを時々思い出してくださいね」。太地町では世代交代しても、在米太地人とのつながりを大切にしている世代がまだいる。

二〇一六年二月十日、太地町長室で三軒一高町長にインタビューする機会を得た。

「太地は昔からクジラと共に生きて来た町。前は海、後ろは急な山、雨水が一気に海へ流れ込むためコメが取れない。ロープも船を動かす発動機もない頃、先人たちは手漕ぎの舟で熊野灘を回遊するクジラに挑んだ」

「太地浦の一大産業は『背美流れ』が原因で終止符を打った。捕鯨以外の漁業を知らない漁師たちは海外に活路を求め、家族を養うためカナダ、北米、オーストラリアへ出稼ぎに行った」

「北米へ行った人たちは戦時中、収容所生活を強いられたが、ふるさとへの支援を惜しまなかった。過去、現在、未来。クジラと関わり続ける町。町民が等しく潤うことが太地のまちづくりの原点である」

三軒は一九四七年十二月、太地町で生まれた。大学卒業後、父の事業と借金を引き継ぎ、二十年かけ完済した。二十九歳で町議に初当選。二〇〇四年、町長に初当選した。五十六歳のときだった。「議員時代は、三軒の言うことには耳を傾けるなと、提案はすべて反対された」。

三軒は町長に就任すると、行革に大ナタを振るった。十六億円の一般会計から九千万円を削減。那智勝浦町との平成の大合併を拒否し、単独の道を選んだ。「合併したらクジラの町でなくなってしまうと、水産庁の職員に背中を押された」。

人口約三千三百人。若い世代が少なく高齢者が人口の四十パーセントを超える。町に高校がないため、大半は中学を卒業すると新宮市などの高校へ。大学進学、就職、結婚とそれぞれの人生の岐路で新しい世界を目の当たりにすると、町とは疎遠になっていく。

三軒は町立くじらの博物館を核にした町の未来像を描き、三十年かけて完成させるという。

「森浦湾にクジラを放ち、世界中からクジラ研究者が訪れる、町全体をミュージアムにして、公園の中に町民が住む環境にしたい」

くじらの博物館が開館したのは一九六九年。商業捕鯨モラトリアムが国連人間環境会議で提案される三年前のこと。二百五十人を超える男たちが南氷洋に出掛け、町を潤している時代に、当時の町長、庄司五郎は「捕鯨はいつまでも続かない」と、クジラと観光を結び付けた。

「知恵を出せば豊かな生活ができる。かつて北米などへ渡った先人たちがいいお手本だ。現代版移民教育にも取り組み、子どもたちを早いうちから外国に行かせ、広い視野の人間に育てる。八十代でも恋愛のできる人が住む町にしたい」

三軒はインタビューの最後に座右の銘をかみしめる。

「歴史を大事にしない民族は滅びる」――

太地浦の入り口で観光客を迎えるクジラ親子のモニュメント＝2016年7月1日、和歌山県太地町

あとがき

熊野灘から昇る朝陽はきれいだ。和歌山県太地町の「いさなの宿　白鯨」。海に臨む浴場から古式捕鯨の司令塔跡、燈明崎が見える。大海原の彼方には鯨組の子孫たちが根を下ろす米国西海岸がある。一本のドキュメンタリー映画がこの事実を知るきっかけとなった。

二〇〇九年八月。太地町のイルカ漁を批判する米映画「ザ・コーヴ」が公開されると、同町の姉妹都市、豪州ブルームの町議会は関係停止を決議した。しかしブルームの住民たちが反発、「イルカ漁と交流は無関係だ」と声を上げると、議会は一転、継続を決議した。当時、地方紙のコラムを担当していた筆者は太地町役場に電話した。反捕鯨団体「シー・シェパード」が「野蛮な町と縁を切れ」とブルーム町議会に圧力を掛けたという共同通信社の記事を確認するためだった。

町には他からも問い合わせが殺到していた。対応に追われる職員から電話を引き取った公民館長の宇佐川彰男さんは「正直に話してもうまく伝わらない。報道にもどかしさを感じる」と本音を吐露した。「国際交流に反捕鯨団体が口を挟むのはおかしい」と私見を述べると、宇佐川さんの声が和らいだ。

太地町はクジラと移民の町であること。かつて大勢の若者が真珠ダイバーとしてブルームへ出稼ぎに行ったのが縁で姉妹都市になったこと。海外への出稼ぎは北米、カナダにも及び、移民史を学校教育で取り上げていることをうかがった。

「仕事を離れ、遊びにいらっしゃい」との誘いに翌月、妻と太地町を訪ねた。宇佐川さんの運転で町内、隣の串本町まで案内いただいた。紀南地域が今あるのは海を渡った人たちのおかげと歴史をひも解く宇佐川さんの情熱に打たれた。

その後、宇佐川さんとの交流は続き、退職二年目の二〇一二年夏、町歴史資料室の渡米調査に帯同した。かつてターミナル島で暮らした人たちから話を聞き、戦争、日系人排斥に翻弄されながら、たくましく生き抜いた半生を記録しなければならないと思い始めた。二〇一五年十一月まで三回、現地取材を重ねた。貴重な証言を裏付けるため全米日系人博物館、ターミナル島、マンザナー強制収容所跡などへも足を運んだ。若い頃の体験しかなくても証言者はみな、ターミナル島をわが心のふるさとと思っていることに驚いた。

もう一つ、米国での日系人排斥は一九四二年に起きた「過去」ではなく、大統領令9066号の亡霊がいまも生きているかのようだ。トランプ大統領はテロ対策や不法移民対策の名のもとにイスラム圏からの入国を一時制限したり、メキシコ国境沿いに壁の建設をぶち上げたり、米国社会の闇をあからさまにした。

トランプ氏の米国第一主義とは、多様性を否定し、特定の声に同調するポピュリズムにほかならない。9・11テロのとき、米政府はアラブ系移民を拘束し強制収容しようとした。そのとき、過ちを繰り返すなと声を挙げたのは運輸長官の日系二世ノーマン・ミネタ氏や、多くの日系人たちだった。

「政府とはうそをつくもの」。かつて米国人ジャーナリストのI・F・ストーンは地道な調査報道によってからくりを明らかにした。米政府が日系人を強制収容した理由もうそであった。保守系メディアは政府のうそに迎合した。メディアはうそを運ぶベルトコンベアであってはならない。何故ならうその先にあるのは戦争だから。

あの時代の収容体験を自分の言葉で語れる人は少なくなった。執筆中に鬼籍に入られた方もいる。拙著が過去の過ちから学び、名もない方々の記憶継承に役立つなら望外の喜びだ。


拙著の刊行までたくさんの方々のご協力、応援をいただいた。

執筆のきっかけをつくっていただいた宇佐川さんはその後、太地町教育長に就任され、最後までエールを送っていただいた。同町歴史資料室学芸員の櫻井敬人さん、同研究員の江﨑隆司さんから資料、写真を提供いただき、フリーアナ佐伯和代さんには通訳などでお世話になった。和歌山大学観光学部の東悦子教授から和歌山県移民史、元在ロサンゼルス日本総領事館領事で元全米日系人博物館副館長の海部優子さんからは日米関係史を解説いただいた。

原稿が大詰めを迎えた頃、新事実がわかった。カー元コロラド州知事が家政婦に迎えたワカコ・ドウモトさんは、元千葉県知事のジャーナリスト堂本暁子さんと親類であった。堂本さんの情報を頼りに、カー元知事とワカコさんの絆を発見できた。

最後に今回も出版を快諾いただいたゆいぽおと代表の山本直子さんに心から感謝申し上げます。

二〇一八年一月、穐吉敏子さんの「ロング・イエロー・ロード」を聴きながら。

土屋　康夫

主な参考文献・資料

『鯨に挑む町~熊野の太地』（熊野太地浦捕鯨史編纂委員会編、平凡社、一九六五年）
『太地町史』（太地町史監修委員会編、太地町役場、一九七九年）
『巨鯨の海』（伊東潤、光文社、二〇一五年）
『サンピドロ同胞發展録』（竹内幸助、南沿岸時報社、一九三六年）
『イルカ漁は残酷か』（伴野準一、平凡社新書、二〇一五年）
『罪なき囚人たち~第二次大戦下の日系アメリカ人』（ロジャー・ダニエルズ、川口博久訳、南雲堂、一九九七年）
『ルポ　トランプ王国~もう一つのアメリカを行く』（金成隆一、岩波新書、二〇一七年）
『転換期の日本へ』（ジョン・ダワー、ガバン・マコーマック、NHK出版新書、二〇一四年）
『一世としてアメリカに生きて』（北村崇郎、草思社、一九九二年）
『日本人出稼ぎ移民』（鈴木譲二、平凡社選書、一九九二年）
『日系人の夜明け~在米ジャーナリスト浅野七之助の証言』（長江好道、岩手日報社、一九八七年）
『アメリカの真珠』（グレース・美弥子・宮本、神林敬里訳、講談社、二〇〇八年）
『ストロベリー・デイズ』（デヴィッド・A・ナイワート、ラッセル秀子訳、みすず書房、二〇一三年）
『ヤマト魂』（渡辺正清、集英社、二〇〇一年）
『拒否された個人の正義~日系米人強制収容の記録』（三省堂、読売新聞社外報部訳編、一九八三年）
『日系人を救った政治家ラルフ・カー』（アダム・シュレイガー、池田年穂訳、水声社、二〇一三年）
『マンザナわが町』（井上ひさし、集英社、一九九三年）
『黄禍論と日本人~欧米は何を嘲笑し、恐れたのか~』（飯倉　章著、中公新書、二〇一三年）
『日々の光』（ジェイ・ルービン、柴田元幸・平塚隼介訳、新潮社、二〇一五年）
『もう一つの日米関係史~紛争と協調のなかの日系アメリカ人~』（飯野正子、有斐閣、二〇〇〇年）
『日系アメリカ人の歩みと現在』（ハルミ・ベフ編、人文書院、二〇〇二年）
『カラカウア王のニッポン仰天旅行記』（ウィリアム・N・アームストロング、荒俣宏、樋口綾子共訳、小学館、一九九五年）
『アメリカの排日運動と日米関係~「排日移民法」はなぜ成立したか』（簑原俊洋、朝日選書、二〇一六年）

『一攫千金の夢―北米移民の歩み―』（筒井正、三重大学出版会、二〇〇三年）
『他人の国、自分の国~日系アメリカ人オザキ家三代の記録』（大谷勲、角川選書、二〇〇九年）
『ロサンゼルス市日本人町』（大谷勲、角川書店、一九八四年）
『ジャパン・ボーイ』（大谷勲、角川書店、一九八三年）
『続箸とフォークの間　続』（野本一平、巴書林、二〇〇二年）
『抑留まで~戦間期の在米日系人』（ユウジ・イチオカ、彩流社、二〇一三年）
『ルーズベルト一族日本』（谷光太郎、中央公論新社、二〇一六年）
『リトル東京』（五洋明著、青心社、二〇〇八年）
『日米開戦の人種的側面アメリカの反省』（カレイ・マックウリィアムス、渡辺惣樹訳、草思社、二〇一二年）
『和歌山から世界への移民』（東悦子編、和歌山大学観光学部、二〇一〇年）
『ガルブレイス―アメリカ資本主義との格闘』（伊東光晴、岩波新書、二〇一六年）
『謎の森に棲む　古賀政男』（下嶋哲朗、講談社、一九九八年）
『日本への自叙伝』（エドウィン・ライシャワー、日本放送出版協会、一九八二年）
『おばあちゃんのユタ日報』（上坂冬子、文春文庫、一九九二年）
『１９４１　決意なき開戦―現代日本の起源』（堀田江理、人文書院、二〇一六年）
『記者たちの日米戦争』（木村栄文、角川書店、一九九一年）
『星に向かって』（ジョージ・タケイ、貞包智悠・貞包有美訳、有悠、二〇〇五年）
『上院議員ダニエル・イノウエ自伝』（ダニエル・イノウエ、ローレンス・エリオット、森田幸雄訳、彩流社、一九八九年）
『祖国のために死ぬ自由』（E．L．ミューラー、飯野正子監訳、刀水書房、二〇〇四年）
『日本帝国崩壊期「引揚げ」の比較研究』（今泉裕美子ほか編著、日本経済評論社、二〇一六年）
『移住研究、No.30、１９３０年代の帰米運動、粂井輝子』（国際協力事業団、一九九三年）
『アメリカの汚名』（リチャード・リーヴァス、園部哲訳、白水社、二〇一七年）
『アメリカの小学生が学ぶ歴史教科書』（ジェームス・M・バーダマン、村田薫編者、ジャパンブック、二〇一七年）
『近代日本移民の歴史２　北アメリカ２　ハワイ・西海岸』（「近代日本移民の歴史」編集委員会、汐文社、二〇一六年）
「海を越える太地展図録」（太地町歴史資料室、二〇一四年）

「アメリカに渡った日本人と戦争の時代展図録」（国立歴史民俗資料館、二〇一〇年）
羅府新報（一九四一年十二月十日、一九四二年二月二日、二月十三日、二月十六日、二月十七日、二月二十六日、二月二十七日、二月二十八日　江﨑隆司氏提供）
羅府新報「木曜随想」（浜崎太実一、一九八一年三月十二日〜一九八九年三月九日、太地町歴史資料室蔵、一九八九年四月十三日〜一九九三年三月十一日、国立国会図書館蔵）
朝日新聞夕刊名古屋版「旅人、海へ」（六郷孝也記者、二〇一五年十月十三日〜十二月四日）
「THE LOST VILLAGE of Terminal Island 古里」（デビット・メッツェラー監督、太地町歴史資料室日本語訳）
「知られざる政治家　ラルフ・カーとニッポン人」（フジサンケイ・コミュニケーションズ・インターナショナル、Nitto Tire U.S.A）
「マンザナールよさらば」（ジョン・コーティー監督、全米日系人博物館）

土屋康夫（つちや　やすお）
一九五一年岐阜県生まれ。龍谷大学経済学部を卒業後、一九七三年に岐阜新聞社入社。記者、デスク、編集委員、論説委員を務め二〇一一年に退社。現在フリージャーナリスト。
著者に『虹色のバーを超えた男』（岐阜新聞社）、『カウラの風』（ＫＴＣ中央出版）、『和解の海』（ゆいぽおと）、『ナツメの木は生きている』（岐阜県日中友好協会）。

海を渡った鯨組の子孫たち
２０１８年３月10日　初版第１刷　発行

著　者　土屋康夫
発行者　ゆいぽおと
〒４６１-０００１
名古屋市東区泉一丁目15-23
電話　０５２（９５５）８０４６
ファクシミリ　０５２（９５５）８０４７
http://www.yuiport.co.jp/
発行所　ＫＴＣ中央出版
〒１１１-００５１
東京都台東区蔵前二丁目14-14
印刷・製本　モリモト印刷株式会社

内容に関するお問い合わせ、ご注文などは、すべて右記ゆいぽおとまでお願いします。
乱丁、落丁本はお取り替えいたします。

JASRAC 出 1801293-801
ISBN978-4-87758-470-2 C0095

ゆいぽおとでは、
ふつうの人が暮らしのなかで、
少し立ち止まって考えてみたくなることを大切にします。
テーマとなるのは、たとえば、いのち、自然、こども、歴史など。
長く読み継いでいってほしいこと、
いま残さなければ時代の谷間に消えていってしまうことを、
本というかたちをとおして読者に伝えていきます。